輕鬆讀懂孫中山的核心思想

張亞中◎著

序言：孫中山思想的光輝與傳承

孫中山先生是華人世界最具影響力的歷史人物之一。他不僅是中華民國的締造者，被尊稱爲「國父」，同時也被中國共產黨尊稱爲「偉大的革命先行者」。他的肖像高掛於北京天安門，他的遺囑在台灣重要慶典會議開始時必須朗頌，他更受到全球華人，特別是海外華僑的崇敬。

孫中山先生的思想與學說，乃是爲了中華民族的復興而立，具有救亡圖存與民族振興的指導意義，即使時至今日，仍然歷久彌新，値得深入學習與探討。

孫中山先生的思想不僅是中國近現代史的重要指標，更廣泛地獲得兩岸民衆的認同。在兩岸關係的發展過程中，孫中山的思想可作爲兩岸交流的重要橋樑，爲雙方提供互動的基礎。未來的兩岸發展，並不僅止於主權或領土的問題，更包含文化心靈的契合與思想制度的融合。我深信，孫中山先生的理念，將對未來兩岸互動、發展與目標設定，發揮關鍵的凝聚與指引作用。

孫中山先生雖然並非完人，但他的偉大不容置疑。他的思想或許不是絕對完美，卻擁有博大精深的價值。我曾撰寫《孫中山思想基本讀本》，試圖完整還原孫中山思想的原貌，並獲得廣大讀者的熱烈迴響，在台灣發行量已達上萬冊。然而，許多讀者反映，希望能有更精簡、更易讀的版本，讓忙碌的現代人能夠輕鬆掌握孫中山思想的核心要點。這正是促成我撰寫本書的動機。

本書的寫作方式，旨在適應當代快節奏的生活，希望讀者能夠在零碎時間內快速吸收孫中山先生的核心思想。本書共分爲八十四個小單元，每個單元約千字左右，方便讀者逐步學習與理解。此外，我計劃將這些單元製作成短影音，以視覺化方式呈現，幫助更多人更輕鬆地瞭解孫中山先生的理念。

今年是孫中山先生逝世百年，明年則迎來他誕辰一百六十周年。値此重要時刻，我們更應該深入理解他的思想，落實他的理念，並努力實現他的理想與目標。我也希望藉由本書的出版，能夠讓更多人理解孫中山先生的思想，並將他的精神發揚光大。我期待，我們都能是孫中山思想的傳承者與發揚者。

此外，我個人也建議，應比照「諾貝爾和平獎」的設立，由兩岸與全球華人共同推動「孫中山和平獎」，作爲一個以中華文化價值爲核心的世界和平獎項。如此，不僅能讓孫中山先生天下爲公的精神得以傳承，世界大同的理想能夠普及，也能使中華文化的價值持續在國際社會中發光發熱，讓這個世界變得更美好。我們就一起努力，讓這些夢想一一成眞！

孫文學校總校長
張亞中 謹識

目錄

1 主義是一種思想、信仰與力量

這一單元我來談談孫中山先生的政治思想與治國理念。

孫中山先生的思想不能說是完美無缺，但一定稱得上是博大精深，即使如今來看，他的思想仍舊是歷久彌新，禁得起時代的考驗。孫中山先生當然不是個完人，但他的確算得上是個偉人。孫中山先生是中華民國的締造者，被尊稱為國父，中國共產黨也尊稱他為偉大的革命先行者。

三民主義是孫中山先生創立的學說，為立國的思想基礎與國家發展的指導綱領。孫中山思想不是所謂的黨國思想，而是國家的立國與建國理念，《中華民國憲法》第一條即明白規定：「中華民國基於三民主義，為民有民治民享之民主共和國。」

以下我所介紹的孫中山先生思想，都是以他所發表過的言論、文字為基礎，不加油添醋，也不刻意美化，更避免主觀的曲解，讓大家可以瞭解到孫中山思想的真正原貌。

首先，我們來瞭解下孫中山先生對於「主義」的深刻見解。

孫中山先生說過：「主義，就是一種思想、一種信仰和一種力量。」爲什麼他這麼說呢？因爲「當我們面對一件事物，首先會有一些想法；這些想法經過深思熟慮，慢慢就會轉化爲一種信仰，而有了信仰後，便會激發出無窮的力量。因此，主義的形成是一個逐步建立的過程——從思想開始，轉爲信仰，最後凝聚成一股強大的力量，讓我們堅定不移。」

孫中山先生的一生，就是爲了實踐這樣的主義而奮鬥。他立下革命的目標，全心全意地投入，縱使經歷無數挫折，依然百折不撓。他說：「我從事革命，以主義爲指引，制定策略，投入畢生的心血，不管遇到多少困難，我絕不放棄。」這是一種何等的精神！爲了讓主義實現，他清楚地知道，必須先打破舊的體制，才能夠建設新的秩序，於是他選擇了革命的道路。

孫中山先生的這段話，告訴我們每一位追隨他理想的人——要實現偉大的主義，我們不僅需要思想，更需要信仰與力量。今天，我們繼承他的理想，正是要帶著這樣的信念，爲理想奮鬥，爲未來奮鬥！

2 三民主義就是民族、民權與民生主義

這一單元我要跟大家聊聊孫中山先生的「三民主義」以及它的深遠意義。人類在生存的過程中，總會遇到許多問題，我們不斷努力，試圖解決這些問題。而回顧世界近代歷史，我們可以發現，很多國家共同面臨了三個主要的挑戰：民族問題、民權問題和民生問題。孫中山先生曾深入分析這三大問題，並指出：「我認為歐美的發展，大致上是建立在三個主義上，也就是民族、民權和民生。」

孫中山先生說，當初羅馬帝國滅亡後，民族主義開始興起，歐洲各國紛紛追求獨立；隨後，在強權專制的統治下，民眾不堪重負，於是掀起了民權主義的浪潮。從十八世紀末到十九世紀初，專制逐漸瓦解，立憲政體逐步建立。到了二十世紀，隨著科技的進步、人類智慧的提升，經濟問題日益重要，民生主義也逐漸成為主流。因此，二十世紀可以說是屬於民生主義的時代。

他進一步指出，「這三種主義其實是環環相扣的，彼此之間有著密不可分的關係。如果

我們追溯它們的發展順序，會發現世界各國大多都是先有民族主義，再發展出民權主義，最後走向民生主義。」

正是因爲看到了世界的發展趨勢和中國的現實情況，孫中山先生創立了三民主義，這套理論正是爲了解決中國和世界共同面臨的這三大問題。他特別清楚地告訴我們：「什麼是三民主義？就是民族主義、民權主義和民生主義。」

這就是孫中山先生所說的三民主義，它不僅是理論，更是解決問題的方針，是我們爲了更好未來所必須依循的方向！

3 同時抱著三個主義去革命

這一單元讓我們一起深入瞭解孫中山先生的三民主義，還有它與其他思想的不同之處。

孫中山先生爲了挽救中國、建設國家，不僅提出了三民主義的思想，更制定了詳細的制度和策略。他不僅爲國家未來的建設指明了方向，也提供了一個具體、可操作的施政藍圖。三民主義既宏大深刻，又兼顧實際的可行性。

三民主義的目標，是徹底解決中國面臨的三大問題：民族問題、民權問題和民生問題。孫中山先生早在當年就清楚地指出：「中國經歷了千年的專制統治和外族入侵，再加上列強的威脅，民族獨立和民權推動已經刻不容緩。而歐美國家積累已久的民生問題，雖然根深蒂固，但對中國來說，問題還不算太嚴重，因此改變的難度也相對較低。」因此，他決定要將「民族主義、民權主義和民生主義」一同推動，並肩而行，將民族、政治和社會革命一起完成。

這就是三民主義的獨特之處！孫中山先生特別強調：「其他國家的革命黨，往往只專注於一或兩個主義，而從來沒有同時抱著三個主義革命的。比如美國從英國獨立，主要是爲了民權，而非民族；而法國大革命則是兼顧了民權和民生。但是，這些國家解決了民權問題後，民生問題卻依舊存在，甚至成了未來社會動亂的隱患。」這就是爲什麼三民主義比其他主義更全面、獨特的原因。

孫中山先生還提醒我們，三民主義的成功，必須在一次革命中完成所有任務。他舉了歐美各國的例子來說明：「過去兩百多年來，歐美國家大多數只解決了民族和民權問題，卻忽視了民生問題。結果全國的權力集中在少數資本家手中，只有少數人享有富裕生活，而絕大多數人依然生活在痛苦中。正因如此，今天歐美社會的經濟革命、社會革命頻頻發生。」

因此，孫中山先生主張：「我們的中華民國，應當將民族主義、民權主義和民生主義一次性徹底解決，這樣才能眞正建設一個繁榮、光輝的國家。如果我們無法同時解決這三大問題，那麼即便一時強大，數十年後，我們仍然可能陷入今天歐美國家的困境。」

這就是孫中山先生對三民主義的深刻見解。讓我們一起記住他的話，爲一個繁榮、美好的未來共同努力吧！

4 思想的三個淵源

這一單元讓我們來探討一下三民主義的思想淵源，也就是孫中山先生這一套理論的根基從何而來。

孫中山先生曾清楚地說過，三民主義「其實是集結了中外的學說，順應世界潮流而誕生的」。

他進一步解釋道：「我為了推動中國的革命，所堅持的主義有來自我國傳統的思想，有參考了歐洲的理論和實踐，還有我自己觀察後的創新見解。」

簡而言之，三民主義的思想來源可以分為三個面向。第一，它源自於中國本土深厚的政治和倫理哲學；第二，它考量了中國當時的現實情況，吸取了歐美社會科學和政治制度的精華；第三，則是孫中山先生獨特的見解和創新。中國思想、歐美長處、獨特創見，是孫中山思想的三個淵源。

三民主義不是單純地照搬傳統，也不是盲目模仿西方，而是孫中山先生對時代的洞察和融合。他將傳統智慧與現代理念結合，創造出一套適合中國的理想方案。這就是三民主義的思想淵源，也是它如此特別的原因。

5 要繼承與光大中國的道統

這一單元我們要談的是孫中山先生如何肯定中國的政治哲學。

孫中山先生說，中國固有的思想，是他思想的三大淵源之一。孫中山先生曾經在回答第三國際代表馬林的詢問時說：「中國有一個道統，堯、舜、禹、湯、文、武、周公、孔子相繼不絕。我的思想基礎，就是這個道統；我的革命，就是繼承這個正統思想來發揚光大。」

在我國固有的正統思想中，最根本和最重要的，就是「政治哲學」與「倫理哲學」的思想。今天，我們先來談談孫中山先生對於中國政治哲學的看法。

他曾說：「中國有什麼固有的智識呢？在國家和人生的觀念上，中國古時有很好的政治哲學。我們以爲歐美的國家，近來很進步，但是說到他們的新文化，還不如我們政治哲學的完整。」想想看，這是一份多麼強烈的認同啊！在西方的物質文明迅速發展的年代，孫中山先生卻不被動搖，反而驕傲地指出，我們的政治哲學遠遠超越！他說，西方的大政治家可能從未見過這樣深奧的理論，那就是《大學》中講的「格物、致知、誠意、正心、修身、齊家、治國、平天下」。這一整套從內心修養到天下太平的思想系統，是我們的獨特智慧，是我們民族的寶藏。

這樣的智慧，是不是値得我們驕傲地捍衛和傳承呢？孫中山先生說：「像這樣精微開展的理論，無論外國什麼政治哲學家都沒有見到、都沒有說出。這就是我們政治哲學的智識中獨有的寶貝，是應該要保存的。」

孫中山先生的視野還超越了個人，甚至超越了國家。他深深地熱愛並推崇〈禮運大同篇〉中「天下爲公」的理想。他說：「中國在數千年以前，孔子就說過：『大道之行也，天下爲公。』天下爲公的大同世界裏，人不獨親其親，不獨子其子，老者有所養，壯者有所用，幼者有所教。」想像一下，這樣的世界有多麼美好！一個可以「人人爲我、我爲人人」的大同世界，正是孫先生的理想，甚至說是他畢生的追求！

孫中山先生不只是憑空描繪理想，他還引述《書經》中「民惟邦本，本固邦寧」的信念，以及孟子「民爲貴，社稷次之，君爲輕」的理念。他相信，人民是國家的基石，只有人民幸福了，國家才能穩定繁榮。他還強調《論語》中「均無貧」的均富思想，認爲這些理想，都與「天下爲公」的精神息息相通。

這些話語，顯示了孫中山先生對中國傳統政治哲學的認同與推崇。他認爲，中國的正統思想中包含著高度系統化的政治哲學，這是我們民族智慧的寶藏，應該繼承並發揚光大。我們可以看到，他的理想不僅僅是要改變中國，更希望建構一個人人平等、共享和諧的世界。這正是孫中山先生心中的「大同世界」的實現。

6 要堅持中國的道德哲學

這一單元我們談一談孫中山先生對中國傳統道德的看法。孫中山先生對於中國的傳統道德，尤其是「忠孝、仁愛、信義、和平」這八種美德，是極為推崇的。孫中山先生就說過，這些道德就是他政治思想的重要根基之一。

孫中山先生說，這些美好的品德一直流傳至今，但在外來文化的衝擊下，有些人開始排斥這些傳統，以為接受了新文化，就不再需要傳統道德。然而，孫中山提醒我們，好的傳統應該保留，不適合的才可以拋棄。

在忠孝方面，孫中山先生深信，只要國民秉持忠孝的美德，國家自然可以強盛。他說：「我們在民國之內，還是要盡忠，不忠於君，要忠於國，要忠於民，要為四萬萬人去效忠。」各位想一想，這是多麼崇高的境界啊！這種忠不是對個人的忠誠，而是對國家、對民眾的奉獻，這樣的忠貞，讓國家更為強盛、更為團結。

而「孝」呢？孫先生指出，中國人對孝道的理解，比許多文明國家還要深刻。我們的

《孝經》提到的孝道，涵蓋生活的方方面面。即使在今天，世界上最文明的國家也無法在孝道上超越中國。因此，孝更是不能少的。如果國民都能把忠孝發揚到極致，國家自然就會強大。他認爲，這樣的忠孝之道，正是我們國民的自豪與根基！

再談到「仁愛」，這也是中國文化中一顆璀璨的明珠。孫先生特別提到，古時的墨子倡導的「兼愛」與西方耶穌的「博愛」是相通的。從「愛民如子」到「仁民愛物」，這種對生命的愛護與尊重，是中國人對待萬物的基本態度。想想看，這不僅僅是愛人，更是愛所有生命的存在啊！

「信義」是中國人與人交往、國際關係中的根本。孫先生說過：「講到信義，中國古時對於鄰國和對於朋友，都是講信的。」孫中山進一步指出，在中國歷史上，即使在國家強盛的時候，也沒有隨意滅亡他國。孫中山先生以高麗爲例，指出中國對藩屬國的尊重，「中國數千年來保持了這種和平共處的態度，而相比之下，日本強大不過二十年，就將高麗吞併。這足以看出，中國的信義比外國進步得多。」正因如此，孫中山先生才強調，中國的信義，比許多國家更爲高尚，也更值得世人敬仰。

孫中山先生認爲「中國更有一種極好的道德，是愛和平。在當今世界，只有中國主張和平，外國則多數崇尚戰爭，以帝國主義之名吞併他國。近年來，因爲多次大戰導致嚴重的傷亡，西方國家才開始勉強地倡導和平，召開了許多和平會議。然而，這些會議中的和平，並非出於他們的本性，而是因爲對戰爭的恐懼。」孫中山先生進一步指出，中國人幾千年來熱愛和平是出自天性，個人之間講究謙讓，國家之間追求不嗜殺，以和平爲目標。這樣的和平觀念，讓中國在道德上超越了他國，成爲民族精神的重要部分。這份愛好和平的天性，是我們民族的瑰寶，是應該發揚光大的。

孫中山還強調，愛好和平並不意味著安於現狀，我們也要不斷自我提升，才能與世界各國良性競爭。和平並非僅僅是我們的追求，更是我們的天職！他說：要達到世界和平的目的，我們也要提升自己，在政治、法律、風俗、教育等方面不斷改良進步，與世界各國攜手共創和平，這才是我們國民的使命，也是我們對人類的承諾！

「忠孝、仁愛、信義、和平」，這「八德」既是孫中山思想體系重要的淵源，也是孫中山先生期許我們每個人應有的本質，國家應秉持的原則。如果人人可以如此，我們一定會有一個富強又有文化的國家，世界也才有可能趨向一個和平與和諧的世界。

7 三民主義既為救國也為建國

這一單元我要和大家談談孫中山先生的三民主義，這不僅僅是一個理論，更承擔著建國與救國的使命，它不僅是救國的方針，更是建國的藍圖。

孫中山先生曾說過，三民主義就是救國主義。爲什麼這麼說呢？因爲三民主義的核心目標是讓中國在國際地位上、政治上、經濟上都能夠平等地與世界各國並肩而立，確保中國在世界上能夠永久生存。因此，三民主義的本質，就是爲了拯救國家。

當年孫中山先生提出三民主義的時候，正值滿清專制統治的時期。那時外有列強虎視眈眈，內有政府腐敗不堪，國家隨時都有被瓜分、滅亡的危險。在這樣的危急關頭，孫中山先生選擇了以民族革命、政治革命爲首，推動中國的改革，隨後又深入研究社會經濟問題，防止國家再度陷入危機。

他創立三民主義，正是爲了消除這些威脅，使中國從危難中得到解救。因此，三民主義不僅僅是一種主義，更是一套救國的方案，是他對中國未來的深遠設想。

對於孫中山先生而言，建國有著三個層面的意義。第一，「建立民國」，也就是革命的目的在於建立一個屬於人民的國家；第二，是「建國的程序」，從軍政、訓政到憲政，逐步走向穩定；第三，是「振興中華」，使我們的民族再富強，站上世界舞台，達到天下大同的理想。

孫中山在《建國大綱》中明確指出，三民主義就是建國的基礎。他說：「國民政府依據革命的三民主義和五權憲法來建設中華民國。」他將建國的步驟分成三個階段：首先是軍政時期，透過革命武力來掃除一切阻礙；接著進入訓政時期，推動地方自治，培養民眾的民權意識；最後是憲政時期，召開國民大會，制定憲法，開放選舉，讓政權真正屬於全體國民，政府的五院各司其職，這樣才能真正完成建國大業。

透過這三個階段的努力，我們才能達到三民主義「建設民國」的初步目標，並且與世界上尊重我們的國家共同奮鬥，最終實現「世界大同」的理想。

孫中山先生的三民主義，不僅是革命的理論，更是建國的制度藍圖。他的目標是救國和建國並行，不僅爲革命提供了理論依據，也爲治國制定了制度政策。自十九世紀以來，還沒有其他革命者能同時提出這樣完整的救國與建國的構想，集理論與行動於一身。孫中山可以說是唯一的一位。

8 三民主義是打不平主義

這一單元我們要談的是孫中山先生的三民主義，這是一個打不平的主義，也就是爲了打破一切不平等而奮鬥的信念。

孫中山先生說，三民主義的本質，是從不平等中反抗而生的。如果我們看看這三種主義的發展順序，世界各國都是從民族主義開始，接著是民權主義，最後才是民生主義。這三個主義，都是爲了打破不同領域中的不平等而誕生的。這表示，孫中山認爲世界的很多問題，大都是由不平等所產生的。

孫中山先生進一步解釋：「民族主義，就是要打破種族之間的不平等；民權主義，就是要消除政治上的不平等；而民生主義，則是爲了打破社會和經濟上的不平等。」他強調：「民族主義的目標，是讓中國和列強在國際上享有平等地位；民權主義，是讓國內的政治成爲以人民爲主的政治，讓每個人都擁有平等的政治地位；民生主義，則是追求每個人都能在經濟上擁有平等的機會和保障。」因此，三民主義的精髓就是打破不平等，追求一個人人平等的社會。

孫中山先生特別強調：「革命軍的責任，就是把這個不平等的世界打造成平等的。如果你認同三民主義的目標，並願意爲之奮鬥，才能稱之爲革命軍。革命軍要爲三民主義去戰鬥，甚至爲之犧牲。」

自由和平等是密不可分的。自由的意義，本質上就是一種解放，是從一切束縛中解脫出來的自由。民族主義，就是要爲國家爭取擺脫不平等條約的自由；民權主義，是爲人民爭取脫離帝王、軍閥和官僚壓迫的自由；而民生主義，是要爲人民爭取免於貧困、免於匱乏的經濟自由。正因如此，孫中山先生說：「三民主義就是平等和自由的主義。」

不平等是社會衝突的根源，孫中山先生的學說，就是爲了打破世間的不平等。那麼如何能讓社會更爲平等，孫中山先生在他的著作與演講裏有充分的表述，這裏就不再展開，我們後續再談。

9 三民主義和自由、平等、博愛相同

這一單元讓我們來探討孫中山先生的三民主義，還有它與「自由、平等、博愛」的精神之間的深刻聯繫。

孫中山先生指出，如果把三民主義與法國大革命的口號來做比較，可以發現其中的相似之處。法國大革命提出「自由」，而「民族主義」就是要實現國家的自由和獨立；「平等」則與「民權主義」相符，因爲民權主義的核心是讓所有國民在政治地位上平等；至於「博愛」，這個詞語的本意就是兄弟之情，與中國的「同胞」一詞相似。孫中山認爲，博愛的精神和「民生主義」相通，因爲民生主義追求的是讓四萬萬中國人民都能夠幸福生活，這正是博愛的最佳體現。

這樣看來，三民主義和法國大革命的「自由、平等、博愛」其實有著相同的精神和目標。

此外，孫中山先生還特別強調，民生主義兼具資本主義所追求的「富」和社會主義所追求的「均」。因此，在孫中山先生的思想中，民生主義的「博愛」必然是與「均富」連結在一起的。我們追求的是自由、平等，以及「均富」——讓財富分配更加公平，讓每一個人都能享有經濟上的保障。

「自由、平等、博愛」已經是人類的普世價值，但是目前這個世界仍舊有人生活在枷鎖、貧困與戰亂之中，孫中山先生期盼實現的理想，其實也是人類永無止境共同追求的信念。一個自由、平等、幸福的社會是值得追求的。

10 三民主義以民有、民治、民享為目標

這一單元讓我們來探討孫中山先生的三民主義，與「民有、民治、民享」之間的關係。

孫中山先生曾經說過：「我們三民主義的精神，就是民有、民治、民享。」這三個概念的意思非常清楚——國家是屬於人民的，政治是由人民共同治理的，國家的利益是由全體人民共享的。孫中山認爲，國家所有的事務都有人民共同參與決定並享受成果，這才是孔子所追求的「大同世界」的具體實現。

他還提到，這樣的理想與美國總統林肯所說的「民有、民治、民享」有著相同的內涵。他解釋道：「民有就是民族主義，天下是天下人的天下，而不是某一族群所能獨占的；民治就是民權主義，過去的專制時代，國家是由官僚和軍人統治的，但眞正的目標是讓人人都有治國的責任和義務；民享就是民生主義，既然天下屬於所有人，那麼天下的利益也應該由全體人民共享。」

我們也可以看出，孫中山先生的三民主義有它的完整性和不可分割性。沒有「民有」，

國家不是會滅亡，就是會淪爲某個階級的私產，談不上「民治」和「民享」；而如果「民治」不夠充分，「民有」就成了虛假的口號，最終還是會被特定階級壟斷；而「民享」是三民主義的最終目的，如果沒有「民享」，人民就會陷於貧困或者貧富懸殊，這樣的國家既無法實現民有，也無法實現眞正的民治。

在我們看來，「民有」是民主國家的基礎，「民治」是治國的方法，而「民享」則是國家存在的最終目的。這三者是三民主義的核心，任何一項都不能忽視，不能偏廢。

11 三民主義以倫理、民主、科學為本質

這一單元我們來探討孫中山先生三民主義的三大本質，也就是倫理、民主和科學。

首先，孫中山先生認爲，民族思想源於我們的天性和血脈。他形象地說道：「民族主義不需要什麼深奧的研究。就像一個人見到自己的父母，自然認得出來，絕不會把父母當成陌生人。民族主義也是如此，這是從我們的血脈中自然生出的，人人皆然。」這裏提到的天性與血脈，正是倫理的根源，也是民族的基礎。無論我們身處家庭、社會，還是國家，這份倫理的紐帶將我們緊密連結在一起。

在民權方面，孫中山先生說：「民權主義的核心是民主，但民主專制是不可能成功的，唯有憲政體制才能保障民主的穩固。」因此，實現民權的關鍵在於民主的實踐，建立一個以民主爲基礎的社會，這樣的民權才眞正穩固。無論是在理論上還是實踐上，民權主義的本質就是民主。

接著談到科學，孫中山先生指出：「凡事都要依靠科學的道理，這樣才能達成圓滿的結

果。」他強調，解決社會問題也必須基於科學，不能僅憑理論想像，而要根據事實來推動改變。只有科學的基礎，才能讓民生主義真正落到實處。

基於這些理念，蔣中正先生在〈三民主義的本質〉中指出，三民主義的精神就是倫理、民主和科學。他提出，民族主義要以倫理爲基礎，這樣才能實現眞正的民族復興；民權主義要以民主爲基礎，這樣民權才能穩固；民生主義要以科學爲基礎，這樣民生才會實用有效。三民主義的目標，就是建立一個倫理、民主和科學結合的現代化社會。

綜合以上所述，孫中山先生希望我們國人能夠：踐行三民主義的「民族、民權、民生」理念，落實三民主義的「民有、民治、民享」目標，堅守三民主義的「自由、平等、博愛」信念，弘揚三民主義的「倫理、民主、科學」本質。唯有如此，我們才能救國、建國，實現他所期盼的強盛國家！

從以上我們可以瞭解，孫中山先生的三民主義，在內涵、理念、本質等目標上都是都有它的系統性與全面性，如果能夠認眞地實踐，的確可以給我們帶來一個富強的國家與幸福的社會。

12 民族是天然力構成的

民族、民族主義是兩個不同的概念。

在瞭解孫中山的民族主義之前，我們先來認識一下，孫中山先生對於民族的看法，包括民族的起源、構成要素和民族意識的重要性。

孫中山先生認爲，民族的概念是由「天然力」構成的。他提到，中國古代提倡的「王道」便是順應自然，而由自然力量所形成的團體就是民族。「民族」一詞的原意是指擁有共同血統的群體，但在現今世界，純粹單一血統的民族已經極爲稀少。因此，民族的形成不僅依賴血統，更取決於共同的文化和生活方式，這些共同性質能夠產生「休戚與共」的民族意識。

在談到民族的起源方面，孫先生從客觀事實出發，他認爲，人類分別來自於不同的物種，自然演化出白色、黑色、紅色、黃色、棕色五大人種，而這些人種經過細分，最終形成了多樣的民族。他強調，這一過程的主要推動力量是自然力，而不是武力征服。

在民族的構成要素方面，孫中山先生指出，民族的構成要素可以分爲客觀要素和主觀要素。客觀要素即民族特性，包含血統、生活方式、語言、宗教和風俗習慣等五種力量構成了民族的基礎。這五種力量並非由外部強加，而是經過自然進化形成的。孫中山的這一見解區分了民族與國家的不同：國家可能依靠武力統治，但民族則是由共同的天然特徵所凝聚而成。

民族構成的主觀要素則是民族意識。孫中山進一步強調，民族的主觀要素是民族意識。所謂民族意識，就是同一民族成員對彼此一體的深刻認同，是利害與共的生命共同體的感覺。這種意識讓人們熱愛自己的民族，珍視民族的文化，並在面臨外來壓迫時團結一致，爲保護民族而奮鬥。孫中山指出，民族意識的力量會隨著一次次的歷史考驗而愈加堅強。

歷史、文化與教育，都可以凝聚民族的意識。孫中山先生還特別舉例說，修建鐵路能夠促進民族意識的增強，使得各地區人民在交通便利的影響下，產生強烈的共同體感。他期勉我們中國人發展民族意識與自信，並表示當中國同胞能夠建立強烈的民族意識與自信時，中國的前途才會更加光明。孫中山認爲，民族意識不僅是民族主義的根本，更是民族發展和生存的核心力量。

我們非常有幸生爲中華民族的一分子，我們有悠久的文化、豐厚的歷史，這是我們非常值得驕傲的地方。如何凝聚我們共同的民族意識，讓國家強大、民族振興，是我們所有中華民族的責任，也是孫中山先生的殷殷期盼。

13 民族與國家的不同在哪裏？

這一單元我們要探討的，是孫中山先生對「民族」與「國家」的區別。這個主題不僅關係到我們對自身身分的認識，更涉及到國際社會中的相互關係。

孫中山先生指出，在英文中，「民族」和「國家」都可以用同一個詞「nation」來表達，但它們其實是有明確界限的。他強調，我們必須清楚區分這兩者，瞭解什麼是民族，什麼是國家。孫先生告訴我們，這兩者的差異可以從起源和構成要素兩方面來理解。

首先，民族與國家的起源是不同的。孫先生認爲，民族是由「天然力」所形成的，而國家則是通過「武力」建立的。他說道：「民族的形成是順應自然，是王道的體現；而國家的形成則是因爲戰爭，是霸道的結果。」這意味著，民族的誕生來自於自然發展，而國家的出現則往往與爭鬥和戰爭有關。

孫中山先生深入闡述了國家的起源。他指出，國家通常因爲「侵略他人」或「避免被侵略」的需求而誕生。人們因爲面臨威脅而聚集在一起，組成群體，以便共同抵禦外來的侵犯。這樣的群體需要領導和組織，於是逐漸形成了國家。國家的本質是互助的，因爲當面臨威脅時，國家內的人民會相互扶持，共同保護彼此的安全。

其次，民族與國家的構成要素不同。孫中山先生早已說明民族的構成要素，包括血統、語言、宗教、生活方式和風俗習慣等，這些是通過天然的力量長期積累而成的。然而，國家的構成要素卻不一樣。孫中山先生提出，國家由三個基本要素組成：領土、人民和主權。

沒有領土或人民這兩個要素，就不能算是一個國家。這一點大家應該很清楚，我就不介紹了。孫中山先生說，即使擁有土地和人民，若沒有主權，即缺乏統治權，這樣的國家仍然不能成立。在專制國家，主權屬於君主；在共和國中，主權則屬於全體國民。這就是國家得以存續的基礎。

當國家面臨外敵入侵時，國家必須捍衛自身的生存要素——人民、土地和主權。孫中山先生說得很明確：國家之生存要素，爲人民、土地、主權，當有人威脅國家的這三個根本要素時，國家便有理由進行反擊。

因此，從這些分析中可以看出，民族與國家確實有不同的界限。民族是自然力將不同族群結合在一起形成的團體，代表著共同的文化與歷史；而國家則是基於武力發展，並以土地、人民和主權爲基本構成的政治實體。

孫中山先生的觀點也與現代國際法不謀而合。在西方的《蒙特維多國家權利義務公約》中，國家被定義爲擁有「永久人口、界定的領土、不受它國控制的政府，以及與它國交往的能力」。其中的「不受它國控制」與「與它國交往的能力」對應的正是孫中山先生所說的「主權」。

中國是一個包括漢滿蒙回藏等多民族的國家，但這個多民族已經逐漸相互融合，形成了中華民族，有了共同的民族意識。瞭解到民族與國家的區隔與關係，我們未來再來介紹孫中山先生的民族主義以及基本主張。

14 中國各民族已經融合為中華民族

這一單元我們要談談孫中山先生對民族主義的理解。他認爲，民族主義就是「國族主義」，這在中國是適當的，但在外國則不盡然如此。

孫中山先生解釋說，爲什麼民族主義在中國行得通？他提出了兩個理由。第一，自秦漢以來，中國就是由一個主要民族建成的一個統一國家，這與許多外國的情況不同。有些國家由多個民族組成，而有些民族則分布在不同的國家中。第二，從人數上看，當時中國有四萬萬人，而其中絕大多數是漢族，外來民族僅有約一千萬人。漢人不僅有相同的血統，還有相同的語言文字、宗教信仰和風俗習慣，構成了一個緊密的民族共同體。

在辛亥革命之前，孫中山所說的「國族」確實主要指的是漢族。但在辛亥革命之後，他的觀念發生了變化。他主張，漢族應該放下血統、歷史和自尊自大的稱謂，眞誠地與滿、蒙、回、藏等民族融合，共同成就「中華民族」。這是一種超越血統的民族融合理念，是爲了實現一個眞正團結的中華民族。

中國擁有眾多的少數民族，滿、蒙、回、藏只是其中幾個代表。但孫中山先生一貫堅持各民族和平共處的共和理想，這種包容的精神正是我們今天需要延續的。

孫中山先生的民族主義不是排他性的，而是一個融合的、包容的民族觀。他的理想是讓所有中華兒女在一個大家庭中和平共存，攜手共建一個繁榮昌盛的民族與國家。

15 國內外民族應一律平等

這一單元我們來談一談「民族主義」這個話題。這是一個經常被討論、甚至在歷史中被誤解的概念。從孫中山先生的民族主義到西方民族主義的演變，這個主題蘊含了深厚的歷史背景和哲學思考。

首先，我們必須瞭解，孫中山的民族主義是一種強調「民族平等主義」的思想。他的目標不僅是爲中國人爭取平等的地位，更是在呼籲全世界各民族之間的平等。他曾說：「什麼是民族主義呢？就是要中國和外國平等的主義。」他進一步指出：「民族主義即世界人類各族平等，一種族絕不能爲他種族所壓制。」這些話表達了他對民族平等的堅定立場，讓我們看到一種和平與共融的理想。

然而在西方，民族主義的發展路徑卻截然不同。隨著一六四八年《西伐利亞條約》的簽訂，民族國家概念崛起。工業革命帶動了資本主義的擴張，而資本主義又演變成帝國主義，西方列強紛紛進行殖民統治，將魔掌伸向亞洲、非洲、拉丁美洲。這樣的民族主義本質上已經變質，成為了狹隘的國家主義，甚至激化為帝國主義的擴張政策，並最終引發了兩次世界大戰。

在西方，這種民族主義體現出一種優越感。它不僅強調自我民族的統一和繁榮，還往往帶有排他的精神。墨索里尼的法西斯主義，希特勒的納粹主義，便是這種自大而排他的極端民族主義的代表。他們不僅引發了戰爭，更將人類引入了一場浩劫。遺憾的是，這種白人優越主義、法西斯主義和納粹主義的殘餘思想，迄今仍在世界各地製造著民族的紛爭與社會的不安。

相較之下，孫中山先生的民族主義是具有包容性和平等性的。他的理念主張民族平等，積極推動民族之間的團結。他認為，對內，我們應實現國內各民族的平等，以促進全國的合作與國家的進步；對外，我們要「謀世界民族之平等」，以促進國際的合作與世界大同。

孫中山先生這樣的思想提醒我們，民族主義不應該成為一種優越感的體現，而應是全人類平等的象徵。我們應當倡導平等與共融的價值，推動全人類的共同發展與和平共存。

16 國家發達、民族生存的寶貝

這一單元我們繼續探討孫中山先生的民族主義。孫中山先生曾經說過：「民族主義這個東西，是國家圖發達和種族圖生存的寶貝。」這句話中蘊含著兩層深刻的意義。

首先是「種族圖生存」，也就是「保種」。這裏的「種族」，實際上指的是「民族」。孫先生的意思是：在這個世界上，任何一個民族若想要永久生存，不被其他民族所消滅，那麼就不能沒有民族主義這個寶貝。這是一個保護和延續民族生命的精神力量。

其次是「國家圖發達」，也就是「強國」。一個民族建立了國家之後，若想要發展強大，不受其他國家的侵略和壓迫，那麼民族主義也是不可或缺的。孫中山先生以日本為例，他指出：「日本在維新之前，國勢是相當衰弱的，但因為他們具備了民族主義的精神，所以發憤圖強。短短五十年間，日本便從一個衰微的國家，轉變成為強盛的國家。」這說明了民族主義如何成為一個國家發展和壯大的驅動力。

因此，孫中山先生告訴我們，民族主義不僅僅是情感上的依附，它還是「國家圖發達和種族圖生存的寶貝」，是支持一個民族長久生存、支持一個國家邁向強盛的精神力量。如果自我放棄民族主義，那等於是自絕生機。珍視這份寶貝，在世界的洪流中找到自己的定位，才有資格談民族求生存和國家求發展。

17 國家應行王道而非霸道

這一單元我們要談的是孫中山先生的「王道文化」思想。這一思想體現了他對於東方和西方文化本質的深刻理解，尤其是在一九二四年，他爲了推動中國的和平統一，前往北京共商國事，途經日本，在日本神戶發表的「大亞洲主義」演講中，表達了對東方王道文化的推崇。

孫中山先生指出：「東方的文化是王道，西方的文化是霸道。講王道，是主張仁義道德；講霸道，則是主張功利強權。」王道文化強調的是以正義和公理感化人心，而霸道文化則依賴洋槍大炮，用暴力壓迫他人。這就是東西方文化的根本差異。

孫中山先生進一步說明：「中國人幾千年來酷愛和平，這是出於天性。」他認爲中國文化無論在個人層面，還是政治層面，都崇尚謙讓與和平，這與外國人的行爲大相徑庭。正是這種忠孝仁愛信義的精神，構成了中國民族的特質，也是我們民族的精神核心。

孫中山先生還談到，中國古時候之所以能吸引周邊國家和遠方民族自願來朝貢，正是因爲王道文化的感召力。那些國家被中國的道德所吸引，心悅誠服，並自願朝貢，這完全是王道感化的結果。

當孫中山先生提出「大亞洲主義」時，他的視野並不僅限於中國和日本，而是涵蓋了所有被西方帝國主義壓迫的亞洲國家。他提出這一主張的基礎是王道文化，而不是後來日本所宣稱的「大東亞共榮圈」。孫中山甚至洞察到日本可能會走向帝國主義，因此他在演講中特別警告日本：「你們既得到了歐美的霸道文化，又有亞洲的王道文化本質，從今以後究竟是成爲西方霸道的鷹犬，還是東方王道的干城，這在於你們日本國民的選擇。」

可惜的是，日本最終選擇了走向帝國主義的道路，成爲了西方霸道的「鷹犬」，給中國和亞洲帶來了無數的苦難，其對中國的傷害甚至超過了西方的帝國主義。

在今天的世界局勢中，孫中山先生的這一忠告依然有其深遠的意義。當我們思考一個國家應如何定位自身的文化與發展方向時，或許應以王道爲基礎，追求和平、仁義與共同繁榮，而非追求強權和霸道。

18 世界大同是終極目標

這一單元我們要探討孫中山先生的民族主義以及他對世界大同的追求。這是孫先生一生中不斷努力的目標，也是他心中最終極的理想。

孫中山先生的民族主義論述大致可以分爲四個階段：在革命以前，他提出「驅逐韃虜、恢復中華」的漢民族主義；革命成功之後，他倡導「五族共和」的中華民族主義；隨著時代推進，他爲了亞洲的和平，提出「大亞洲主義」；而世界大同則是他最終的理想。在這四個階段中，每一個階段都包含了反帝國主義的思想。

在革命以前，孫中山先生呼籲推翻滿清，因爲滿清與帝國主義勢力勾結，讓中國逐漸被瓜分、侵蝕。他的漢民族主義因此與反帝國主義密不可分。而革命建國後，他更強調中華民族的團結，反對列強把中國變成比「殖民地」地位還低的「次殖民地」，並要求廢除不平等條約，這些主張都是針對帝國主義的壓迫。他甚至呼籲日本不要成爲帝國主義的鷹犬，表達了他堅定的反帝立場。

至於「世界大同」，這是孫中山心中最崇高的理想。他希望帝國主義能夠徹底消滅，讓全世界的民族能夠平等相處。他看到西方帝國主義對中國的侵略是全國性的，對其他國家的擴張則是全球性的，因此他提出：「欲求自由平等之國家」，這是一個世界性的目標。唯有全國的力量，甚至全世界的力量，才能夠對抗這種世界性的帝國主義。因此，孫先生在臨終時說：「余致力國民革命，凡四十年，其目的在求中國之自由平等。積四十年之經驗，深知欲達到此目的，必須喚起民衆及聯合世界上以平等待我之民族，共同奮鬥。」這句話道出了孫先生反帝國主義的世界主義精神。

孫中山先生的民族主義從民族獨立出發，以世界大同爲理想。孫中山先生曾說：他的民族主義，就是在先民所遺留下來的基礎上，發揚光大，並改良其中的缺點。對於滿人，不僅不要復仇，更應該與他們在中國共同相處。這展示了他希望在國內不同民族之間建立平等共處的理念；在世界範圍內，他則主張保持民族的獨立地位，發揚中華文化，同時吸收世界文化，最終達成世界大同。

總而言之，孫中山的民族主義不僅是爲了民族的獨立，更是爲了達到全人類和平平等的理想。他的追求是一種濟弱扶傾的精神，而他的目標，是一個眞正的大同世界。這是在談民族主義時，我們中華民族與其他民族最大的不同之處。

19 談世界主義之前要先做什麼？

這一單元我們來探討孫中山先生的世界主義思想，以及他如何看待民族主義和世界主義之間的關係。

孫中山先生認爲，眞正的世界主義必須先鞏固民族主義。他指出，歐美的民族主義最初是因爲抵抗其他國家的壓迫而起，但在壯大後，它們卻轉變爲帝國主義，壟斷了全球的利益，並試圖永遠維持這種壟斷地位。這些強權不再允許弱小民族復興，並以「世界主義」爲口號，實際上行的是變相的帝國主義與侵略主義。然而，這種「世界主義」並未提供解決民族紛爭的理論與方法。

而孫中山先生的世界大同，則是一種理想的世界主義。他認爲要實現這一理想，首先要鞏固民族主義，恢復民族的精神、道德與智能，進而將自由、平等、博愛的精神擴展到全人類。他說：「雖然，欲泯除國界而進於大同，其道非易，必須人人尙道德、明公理，庶可致之。」他指出，中華民族擁有愛和平、重人道的精神，若能將自由、平等、博愛的理念推廣到全世界，那麼世界大同的理想也就指日可待。

孫中山在講述三民主義時，強調和平手段才是世界主義的眞精神。他認爲中國人的心理並不認同以武力解決問題，這種崇尙道德、不講武力的精神，正是世界主義的眞正內涵。他說：「我們要保守這種精神，擴充這種精神，是用什麼做基礎呢？是用民族主義做基礎。」

孫中山所倡導的世界主義，與其他的世界主義有著根本的不同，因爲它「是從民族主義發生出來的」。在孫先生看來，民族主義是世界主義的基礎，而世界主義是民族主義的理想。如果不先實行民族主義，世界主義的理想將無法實現，甚至連民族自身的生存都將成問題。因此，孫中山指出：「中國四萬萬人是亞洲世界主義的基礎，有了基礎，然後才能擴充。所以我們以後要講世界主義，一定要先講民族主義，所謂欲平天下者先治其國。」

他以「彩票與竹槓」的故事來說明民族主義是世界主義的基礎。他說：「我們要知道世界主義是從什麼地方發生出來的呢？是從民族主義發生出來的。……由此便可知世界主義實藏在民族主義之內，好比苦力的彩票藏在竹槓之內一樣，如果丟棄民族主義，去講世界主義，好比是苦力把藏彩票的竹槓投入海中，那便是根本推翻。」

孫中山所說的鞏固民族主義，就是要恢復中華民族的自由平等地位，並打倒一切侵略強權，使全世界的弱小民族能夠自決自強。當世界上不再有強凌弱、衆暴寡的現象時，我們才能以正義與和平為基礎，建立一個全人類共有、共治、共享的大同世界。由此可見，孫中山的世界主義，本質上是一種反帝國主義的民族主義，它的最終目標就是世界大同。

20 中國怎麼變成了次殖民地？

這一單元我們來談談孫中山先生對於中國民族地位的思考，以及外國帝國主義如何以政治力量壓迫中國，使得我們這個曾經輝煌的民族陷入困境。

孫中山先生說過：「中國從前是很強盛、很文明的國家，是世界中的頭一個強國。」試想，那時的中國在世界上屹立不搖，地位甚至遠高於今日的英國、美國、法國、日本。那是一個無人能敵的時代，一個中國傲然於世界的時代！

然而，隨著列強的崛起，中國開始被政治、經濟和人口的壓迫重重打擊，不平等條約如枷鎖般束縛著我們的國家，使得中國淪爲「次殖民地」。我們的民族地位開始下滑，甚至到了嚴重危機的邊緣。

孫中山先生常提到「帝國主義」和「列強」。在他看來，帝國主義就是那些列強用政治力量去侵略別國的主義。他們不再滿足於自己的土地，而是貪婪地將目光投向他國，以「勤遠略」之名行侵略之實。這種侵略不僅是用槍炮來實施，還有更加隱秘、更加致命的方式

——那就是外交。

孫中山先生說，列強「用政治力亡人國家，有兩種手段：一是兵力，二是外交。」我們知道，用槍炮來侵略，我們還能抵抗，可如果是用外交呢？一張紙、一枝筆，就足以讓國家淪亡。列強的外交官們聚集一堂，只需簽上一個字，便能讓一個國家灰飛煙滅。正如當年波蘭被瓜分，若是英、法、美、日等列強達成協議，中國也將步波蘭的後塵。

孫中山先生痛心疾首地指出：「中國受歐美政治力的壓迫已近百年。」這百年來，中國失去了無數的領土！從沿海的港口，如大連、威海衛、九龍，到台灣、澎湖，再到黑龍江、烏蘇里，甚至遠至伊犂流域。這些土地的喪失，無不是因爲戰爭的失敗、外交的失敗。

在這段漫長的壓迫歷程中，列強甚至不需一兵一卒，僅僅依靠外交手段，就讓中國拱手讓出大片領土。孫先生痛心地說：「中國拱手送去外人，並不敢問。」這些被奪去的土地、這些失去的尊嚴，是我們整個民族的傷痛。

孫中山先生提醒，帝國主義從來不會手軟，只有團結、只有振作，才能抵禦外來的壓迫，才能捍衛民族尊嚴，讓中華民族重新屹立於世界之林。

21 經濟力的壓迫是看不見的

這一單元我們要探討孫中山先生對於經濟壓迫的洞見，特別是外國列強當時如何利用經濟力量壓迫中國，讓我們的民族地位逐漸低落。

孫中山先生指出，帝國主義的列強爲了達到他們的目的，不僅僅依賴軍事與政治力量，還運用經濟手段。他說：「自中國革命以後，列強見到用政治力來瓜分中國是很不容易的。他們明白，用槍炮、軍隊來強迫中國，不是長久之計。」於是，當政治手段無法達到目的時，他們轉而利用經濟壓迫，以這種更加隱蔽但更加致命的方式來控制我們的國家。

在孫中山先生看來，列強的政治力和經濟力就像左右手，互相協作，一步一步讓中國陷入他們的掌控之中。他們用經濟壓迫，強迫我們簽下不平等條約，榨取我們的資源，使我們的人民受苦。他甚至說，這種經濟壓迫，比政治力的壓迫還要可怕，因爲政治壓迫會讓人立刻感受到痛苦，但經濟壓迫卻像是慢慢滲透，讓人不知不覺中失去一切。

孫中山痛心地指出：「中國已經受了列強幾十年的經濟壓迫，大家卻至今還不大覺得痛癢。」這些年來，我們不僅被剝奪了財富，還在心理上被麻痺，甚至自我安慰爲「半殖民地」。但在他看來，中國所受的經濟壓迫，比完全的殖民地還要嚴重！

孫中山先生還提到，當時的中國受到強經濟力的壓迫下，除了不平等條約的賠款外，每年要損失十二萬萬（銀）元，而且以後只有年年加多，使得當時的中國已經到了民窮財盡之地位了，若不再挽救，將會國亡種滅。

他還提到列強利用外幣來進行經濟侵略。他說：「我們都以爲外國人很有錢，不知道他們只是用紙幣來換我們的貨物。」那時的外國人僅僅花幾文錢印刷紙幣，卻可以換走我們成千上萬的物資！這是多麼不公平、多麼荒謬的損失！

孫中山先生的這些話，即便放在今天依然適用。我們看到，美國依靠其軍事、科技和政治優勢，讓美元成爲國際交易的主宰貨幣，特別是在石油等重要資源交易上。因此，美國擁有了鑄幣權，可以輕易利用美元獲取經濟利益，並在全球範圍內施加政治影響力。

外國列強經濟力的壓迫永遠會存在的，關鍵在我們自身有沒有足夠的科技發展與經濟實力。這是一個不可能迴避的永恆問題。孫中山先生的這番話是一個警鐘。我們必須警惕，在經濟上要增強自立能力，才能有生存發展的權利，也才能捍衛自己的尊嚴！

22 中華民族要自救

這一單元我們要談的是孫中山先生所提出的「民族自救」精神。我們的民族，爲什麼需要自救？這背後的原因令人痛心，那是因爲當時中國長期以來遭受著外來的侵略與壓迫，從滿清的腐敗統治開始，到帝國主義勢力一波又一波的侵略壓迫。

孫中山先生認爲，民族自救的主要任務，就是要推翻帝國主義及其附庸勢力，讓中華民族能夠獲得眞正的自由和獨立，在世界上享有平等的地位！這是一場艱苦的奮鬥，一場爲生存而戰、爲尊嚴而戰的抗爭。

回顧歷史，孫中山先生在上書李鴻章被拒後，徹底認清了滿清無法抵禦列強侵略的眞相。他看到了滿清腐敗無能，屢次犧牲我們的民族利益，簽下不平等條約，讓中國一步步淪爲「次殖民地」。在這種情況下，滿清政權甚至可能會和帝國主義勢力勾結，採取「寧贈朋友，不與家奴」的賣國政策，把我們的國土和利益拱手讓人！

孫中山先生深知，在這樣的危機中，只有推翻滿清，才能拯救我們的國家，才能讓民族自救的希望得以延續。辛亥革命的爆發，正是這場自救運動的第一步，推翻滿清專制統治，讓我們邁向眞正的革命之路。

然而，辛亥革命之後，中國並沒有完全擺脫列強的包圍與壓迫。列強的侵略方式從武力掠奪變成了更隱蔽的政治與經濟壓迫。更令人憤怒的是，這些列強爲了爭奪在中國的利益，竟然利用軍閥，讓他們內鬥不止，互相殘殺，使得我們的國家始終無法安寧。

因此，孫中山先生在民族自救的第二階段，將目標鎖定在軍閥和軍閥背後的帝國主義勢力上。只有打倒這些侵略強權，撤銷不平等條約，中國才能眞正獲得自由，才能眞正站立於世界之林。

瞭解到孫中山先生這一段爲民族自救而努力的心路歷程非常重要。中國有句俗語，「天助自助者」，自立自強是面對所有挑戰難題時的必要心態。而什麼是自助、自救的目標與方法，則是需要我們的智慧。孫中山先生革命與打倒軍閥都是方法，國家不再被列強所欺侮，取得自由與平等的國際地位，是孫中山先生追求的目標。孫中山先生了不起的地方在於，他比一般政治人物還有一套完整的民族自救方案，也就是他的政治思想。就讓我們繼續再深入瞭解他的思想。

23 民族自救的目標是什麼？

這一單元我們來談談孫中山先生對中華民族自救的偉大目標。他給我們指明了兩個方向：內求統一與外求獨立。而這兩者之中，內部的團結與統一，是我們實現外部獨立的根基！

首先，孫中山先生對內求統一的理解，是建立在國內各民族之間的團結基礎上。早在他擔任臨時大總統時，他就說過：「中華民國之建設，專爲擁護億兆國民之自由權利，合漢、滿、蒙、回、藏爲一家，相與和衷共濟。」他希望我們能夠摒棄分裂，團結一致，將漢、滿、蒙、回、藏五族融合成一個中華民族，組建一個強大的民族國家。

在內求統一的道路上，孫先生提出了兩個關鍵：首先，是剷除分裂割據。他深信：「統一是中國全體國民的希望。」只有統一，人民才能享福；若不能統一，便將受害。歷史告訴我們，軍閥割據、內部分裂，使我們無法安定，甚至讓外敵乘虛而入。唯有結束這些分裂，才能爲國家的繁榮打下穩固的基礎。

其次，是加強各民族之間的團結。孫中山先生提醒我們，中國的邊疆同胞過去曾遭受外國勢力的宰割，滿洲被日本侵略，蒙古長期受俄國勢力威脅，西藏幾乎成了英國的掌中物。這些慘痛的歷史教訓告訴我們，只有各民族合作立國、共同建國，才能自保，才能讓我們的文化與土地不再受外力分割。

除此之外，孫中山先生還希望能以和平的方式解決內部的紛爭。他曾多次表示，雖然我們必須對付那些與帝國主義勾結的軍閥，但中國人自相殘殺終究不是解決問題的良策。因此，他提出「國民會議」，希望通過和平的方式化解分歧。臨終時，他依然念念不忘「和平、奮鬥、救中國」，期待我們能在最短時間內實現這一理想。

對外而言，孫中山先生強調的是我們國家的完全自由與平等。他積四十年之經驗，深知要實現這一目標，必須喚起民眾的力量，並聯合全世界願與我們平等相待的民族，共同奮鬥。他要我們明白，只有我們自己才能決定自己的命運，不能讓他人左右我們的未來！

孫中山先生希望國家民族能夠和平、團結與統一。不要自相殘殺，要用溝通對話的方式來解決內部的矛盾。即使在他重病之際，仍前往北京尋求召開「國民會議」，希望以和平的方法來解決內部的爭端。

對日抗戰勝利之後，不平等條約已經廢除，中國不再是次殖民地，一躍而踏於世界五強之林。本來我們可乘此完成民族復興的各項工作，不幸國共內戰，兩岸分治。未來我們民族的任務，就是要結束目前兩岸敵對狀態，走向和平，再通過合作與統合、融合，完成中國的統一，使孫中山先生的自由、民主、均富理想，得以實現。

24 民族的整體意識為什麼會消失？

這一單元我們來談一談孫中山先生對於「中華民族危機」的見解。孫中山先生深刻地指出，當時中華民族面臨兩大危機：一是民族主義的消失，二是民族地位的低落。這兩大問題不僅攸關中華民族的存亡，更是每一位中國人應該關心的課題。

首先，我們來看第一點——民族主義的消失。孫中山先生認爲，中國的民族主義早已流失，這並不是一朝一夕的事，而是幾百年來逐漸消失的。他回顧革命之前的中國社會，發現許多反對革命的言論都在反對民族主義，甚至可以追溯到幾百年前，我們的民族思想早已蕩然無存。爲何會失去民族主義？孫中山提出了四個主要原因。

第一個原因是被異族征服，導致中國變成一盤散沙。

孫中山先生指出，中國民族主義的消失，很大程度上是因爲被異族征服。他提到，滿清時代，滿族人禁止漢人集會、言論不自由，連出版自由也遭到剝奪，經過二百多年的壓迫，漢族人民已經被弄得毫無凝聚力。他說：「中國四萬萬之衆，等於一盤散沙。」滿清的專制統治使中國人對國事毫不關心，形成了只顧自己、不顧民族的現象，這就是民族思想消失的原因之一。

第二個原因是傳統的世界主義思想。

中國自古以來是世界上最文明、最強盛的國家，因此部分中國人有一種天下觀，認為中國就是世界的中心，其他民族只是蠻夷之地。這樣的世界主義，讓中國人過早地擱置了民族主義，逐漸喪失了民族意識。孫中山先生指出：「中國在沒有亡國以前，已漸由民族主義而進於世界主義。」在當時強盛的背景下，這種思想或許能夠成立，但面對後來的外侮與壓迫，這樣的觀念成為了我們的負擔，使我們失去了應有的民族自覺。

第三個原因是家族和宗族觀念過於強大，壓制了國族意識。

孫中山先生觀察到，中國人對家族和宗族的忠誠遠高於對國家的忠誠，形成了強烈的家族主義和宗族主義。他舉例說，許多地方發生族群械鬥，人們不惜為宗族而犧牲性命財產，卻從未見過中國人為了國家去做同樣的犧牲。他認為，正是這種深植於人心的家族意識，使得中國的團結僅止於宗族，而無法延伸至國族，這也是導致民族思想淡薄的原因之一。

第四個原因是會黨被利用，喪失了其民族主義的初衷。

原本會黨是為了反清復明，由明朝遺老為了保存民族主義而成立的組織，但隨著明朝遺民逐漸消失，會黨的性質也開始變質。孫中山提到，康熙末年後，會黨逐漸被下層社會和江湖人士利用，而在後來，左宗棠更是藉助湘軍、淮軍中的哥老會力量，削弱了會黨的組織，使其逐漸偏離了最初的民族主義目標。會黨的變質，也是民族主義逐漸消失的原因之一。

這些問題讓我們看到，民族整體意識的消失不是單一原因造成的，而是多種因素長期累積的結果。孫中山先生在革命成功後，呼籲各民族團結，並指出中國必須重拾民族主義，否則我們的民族將無法在世界上立足。今天，我們站在孫中山先生的肩膀上，更加清楚民族團結的重要性。只有鞏固我們的國族意識，才能讓我們真正實現強盛和復興。

25 做到「能知與合群」，民族才可能復興

孫中山先生在談到「中華民族危機」時，認為民族主義的消失與民族地位的低落是兩個重大原因。今天，我們來談談孫中山先生對於恢復民族地位的主張。

孫中山先生曾經沉痛地說：「中國退化到現在這個地位，原因就是失去了民族的精神。」他警告我們，如果不設法恢復民族主義，中國不僅會亡國，甚至可能滅種！孫中山先生認為，要想恢復民族的地位，就必須從恢復民族精神開始！

孫中山先生認為，要恢復民族精神，首先需要「能知」與「合群」。

首先，「能知」是喚醒民眾的第一步。我們必須讓所有人都知道，中華民族目前所處的危險境地。我們的國家正在面臨列強的壓迫，無論是人口、政治，還是經濟，我們都受到了前所未有的打擊。如果我們不清醒過來，不去認識到這種威脅，我們的民族將會逐漸消亡。

孫中山先生提醒我們，恢復民族精神的首要條件就是「能知」。他告訴我們，要認清我們目前的危機，要到處宣傳，讓每一個人都知道亡國的危險。他說：「如果四萬萬人都知道

了這種危險，我們對於民族主義的恢復便不難。」

其次，「合群」是讓我們的民族更加團結的關鍵。他曾經說過：「外國人常說中國人是一盤散沙。」孫先生認爲，我們要讓民族團結起來，可以從家族和宗族的團體出發。中國人對於家族和宗族有著深厚的情感，這種情感可以成爲我們民族團結的基礎。他認爲，如果我們能夠從一個鄉、一個縣的聯絡開始，逐步擴展到全國，便能形成一個極大的中華民族團體。

除了家族和宗族的聯繫，孫中山先生還指出，發展交通和統一語言是促進民族團結的重要方法。過去，由於交通不便、方言隔閡，讓我們的民衆難以互相溝通。爲了讓全國人民更好地聯繫，我們需要推廣統一的語言，讓全民之間的交流更加順暢，增強我們的民族意識。

一個民族如果連精神都渙散了，必然亡國滅種。孫中山先生提醒我們，要「能知」，也就是瞭解我們的問題與處境；也要「合群」，用團結的力量來提升民族精神。孫中山這番話，即使在現在，也是值得我們思考與依循的。

26 重新找回民族的固有道德

這一單元我們要談一談孫中山先生對於民族復興的另一個重要主張，那就是恢復我們的固有道德。孫先生認為，要讓我們的民族重新強盛，除了要恢復民族精神，還必須重拾我們中華民族的固有道德。

什麼是固有道德？在孫先生看來，它包括了「忠孝、仁愛、信義、和平」。這並不是隨意排列的，而是有深刻次序的——要達成和平，必須講求信義；要講信義，則先要有仁愛；要有仁愛，就要先能做到忠孝。如果連忠孝都無法做到，那麼一切的理想與追求，最終都只會是空談。

孫中山先生曾說過：「一個國家之所以能夠強盛，初期或許是依靠武力的發展，但要長久地維持這個地位，還得依靠道德。」他告訴我們，在歷史的洪流中，中華民族即便遭遇外來入侵，卻仍能生生不息。宋朝被蒙古人征服，明朝被滿洲人征服，但最終，這些外來民族反而被我們的文化所同化，這正是因為我們的道德力量！

孫中山先生提醒我們，要眞正恢復民族的地位，就必須先恢復這些固有的道德。他說，只有在這些道德重新扎根之後，我們的民族地位才可能眞正恢復。我們的國家才不會因爲外在的侵擾而動搖，我們的民族才能在世界上屹立不搖。

讓我們一起記住孫中山先生的教誨，把忠孝、仁愛、信義、和平放在心中。只有從道德出發，才可以讓每一位國民都是有良善價値的國民，我們才能擁有強大的內在力量，也才能眞正實現民族的復興，爲未來的世代留下繁榮與和平的家園。

27 重新恢復固有的智能

孫中山先生認爲，要恢復民族地位，達到民族復興的目標，也要先恢復固有的智能。今天，我們要來談談孫中山先生對於恢復民族「固有智能」的看法。他指出，固有的智能不僅包含智識，也包含能力，而這兩者都是我們民族再次強盛的關鍵。

首先，對於「固有的智識」，孫中山先生特別推崇我們中國古代的政治哲學。尤其是《大學》中的那段話：「格物、致知、誠意、正心、修身、齊家、治國、平天下。」這一段話從個人的修養開始，一步步拓展到治國平天下，層次分明，內涵深遠。孫中山先生說，這樣精細的思想在外國的政治哲學中是前所未見的，這是我們中國獨有的寶貴智慧！

孫中山先生指出，「誠意、正心、修身、齊家」本屬於道德範疇，但今天應該將它放在智識的範疇內來談。他提醒我們，如果不能做到修身、齊家、治國，那麼我們就無法實現自治。這也正是爲什麼外國人看到中國內政混亂時，便想要介入共管。因此，孫中山先生強調，要擺脫外國壓迫，就必須從修身做起，恢復我們固有的智識，這樣我們的民族精神和地位才有可能得以重建。

其次，對於「固有的能力」，孫中山先生提到，從前中國人的發明創造能力甚至超過外國，許多今日在世界上至關重要的技術，都是我們的祖先發明的。例如，指南針、印刷術、瓷器、火藥，還有茶葉、絲織品，甚至建築中的拱門和吊橋，都是中國古代的智慧結晶！然而，隨著時間的流逝，我們逐漸喪失了這種能力，這也讓當時中國的民族地位逐漸退化。

孫中山先生因此呼籲我們，要想恢復民族的地位，到民族復興，首先就要恢復我們的固有能力，重拾我們祖先的智慧和創造力。

孫中山先生的這些話，是對我們每一位中國人的深刻提醒。我們要珍視自己的固有智識，發揮自己的固有能力，讓中華民族再次站在世界的前列，讓我們的文化和智慧再次閃耀於世界之林！

28 要學習歐美長處

這一單元我們要談的是孫中山先生對於民族復興的另一個重要主張：學習歐美的長處。他指出，恢復民族地位不僅僅是要重拾我們的民族精神、固有道德和固有智能，還要虛心學習歐美的優點。

孫中山先生特別強調，外國的長處在於「科學」。他認爲，我們要恢復一切國粹的精華，但同時也要學習歐美的科學技術。只有這樣，我們才能與歐美「並駕齊驅」，甚至在未來實現「後來居上」！

他還指出，學習外國的長處並不是盲目跟隨，而是要迎頭趕上，勇敢地走在前列。我們要在吸收世界文化的同時，發揚我們自己的文化，這樣才能創造出既具民族性又具世界性的全新文化，讓中華文化在世界上煥發光彩，並眞正鞏固我們的民族地位。

孫中山先生對於中華民族的復興充滿信心。他說，當我們復興之後，一方面要消滅帝國主義勢力，實現眞正的國家平等；另一方面，我們要對弱小民族施以援手，堅持「濟弱扶傾」，並以和平的方式推動世界的統一，實現大同之治。這才是我們民族主義的眞正精神！

孫中山先生的這些話，提醒我們在自強的同時，保持謙虛，不斷學習。不僅要珍視自己的文化，還要勇於吸收他人的優點。讓我們攜手共進，迎接未來，讓中華民族再次站在世界的巔峰！

29 國內各民族一律平等

這一單元我們要談孫中山先生對於「民族平等」的理想。孫先生的民族主義，不僅是國內各民族之間的一律平等，更是對全世界各民族平等的呼籲，並對弱小民族施以援手，邁向世界大同。

在孫中山先生發動革命之初，雖然以「驅除韃虜」爲號召，目的卻是爲了推翻滿清一族的專制統治，而非針對任何特定民族。革命成功後，他強調：「滿洲宰制政策既已摧毀無餘，國內諸民族應該取得平等的結合。」他告訴我們：「對於滿洲，不以復仇爲事，而要在中國這片土地上平等共處。」辛亥革命後，他呼籲漢、滿、蒙、回、藏的同胞都成爲國家的主人，享有同樣的參政權，眞正實現「中國境內各民族一律平等」。

孫中山先生在擔任臨時大總統時，曾發表過這樣的話：「中華民國的建設，是爲了擁護億萬國民的自由權利，讓漢、滿、蒙、回、藏五族成爲一家，和衷共濟，發展實業，推動教育，促進全球的商業交流，維護世界的和平。」他認爲，只有這樣，才能讓我們的民族眞正站穩，並受到世界的尊重。

孫中山先生的這份「國內各民族一律平等」的理念，源自於中國古老的王道文化精神。這種平等並非空談，而是法律上的平等，讓各族人民在法律面前受到同等的保護和約束，享有相同的權利，承擔相同的義務。他相信，只有這樣，才能逐步消弭民族之間的對立，最終自然地融合成為一個強大的中華民族。

孫中山先生還說：「在清朝專制時期，清廷屢次犧牲我們民族的權利，簽訂不平等條約，讓我們淪為列強的殖民地。」因此，他提出的民族主義，不僅是要除去民族間的不平等，更是要團結國內的各個民族，完成一個偉大的中華民族。

中華民族是歷史悠久的民族，是文化深厚的民族。孫中山先生堅信，這個民族不僅能夠成為國家的主人，還能夠影響全世界。過去的元朝、清朝，因為推行種族歧視，導致了兩次的亡國。孫中山先生告訴我們：「現在五族已經成為一家，立於平等地位，種族不平等的問題已經解決，政治不平等的問題也隨之消失。」在未來，不分民族、不分種族，攜手共創和平、平等的未來。這才是我們民族主義的眞正意義，也是中華民族邁向大同世界的堅實步伐！

30 世界各民族一律平等

這一單元我們來談一談孫中山先生對於「世界各民族一律平等」的主張。他提出的這一理念，充滿了對全人類的愛與尊重。他說：「民族主義就是世界人類各族平等，一種族絕不能為他種族所壓制。」這句話的背後，是他對於人類尊嚴和平等的深刻信念。

世界上的民族，不同的膚色、文化、性格、體質、物質環境都各有差異，但這並不代表某個民族就比其他民族更優越。孫中山先生提醒我們：「世界上的人種雖然有顏色不同，但談到聰明才智，便不能說有什麼分別。」這意味著，任何民族都不應該自視為最優秀的民族，更不可為了自身的利益而壓迫其他民族，甚至進行侵略和掠奪。

在世界歷史上，其他民族主義常常強調本民族的優點，甚至將他族貶低以突顯自身的優越，這種民族優越感最終往往導致排外、仇外，甚至演變為種族滅絕和種族清洗。而這些正是孫中山先生所深惡痛絕的，也是三民主義中的民族主義所堅決反對的。

孫中山先生的民族平等主張，是三民主義的一大特徵，與全球其他民族主義的自我中心思想有著根本的不同。他的民族主義，並非是要追求中華民族的強大去壓迫其他弱小民族。如果是這樣，那就成了帝國主義，而非眞正的民族主義。他所倡導的民族主義，既是爲中華民族爭取獨立和平等，同時也致力於幫助世界上所有弱小民族獲得獨立與尊嚴。

孫中山先生不僅不甘心讓中華民族受帝國主義的壓迫，也不贊同任何帝國主義去壓迫其他弱小民族。他要我們聯合世界上與我們平等相待的民族，攜手去幫助那些弱小民族，幫助他們獲得獨立，獲得自由！這就是孫中山先生的民族主義精神——一個充滿愛與尊重的精神，一個爲人類和平與正義而奮鬥的精神。這種精神，也正是中華民族傳統的美德，值得我們堅持與推廣。

31 濟弱扶傾與世界大同

這一單元我們要探討孫中山先生提出的「濟弱扶傾」精神，這是他對於中華民族如何對待世界的深刻主張。

什麼是濟弱扶傾？簡單來說，這就是對於那些處於弱勢、貧困和危難的民族，我們要盡力去幫助他們，使他們能夠早日復興，或至少能夠保持安全穩定。對於那些已經瀕臨滅亡的民族，我們也應設法扶持，讓他們能夠在危機中重新崛起。孫中山先生認爲，只有當我們的世界充滿這樣的民族正義，才能眞正避免民族與民族之間的衝突。

那麼，爲什麼中國強大後要濟弱扶傾呢？我們可以從兩個理由來看。

第一，是爲了邁向「世界大同」。孫中山先生相信，要實現世界上各民族平等，實現眞正的世界大同，最重要的工作就是濟弱扶傾。這種精神並非新創，而是中國幾千年來立國的政治觀念，是我們對其他民族的態度，是一種與衆不同的仁義之道。

第二，是爲了盡我民族的天職。孫中山先生不僅反對外來帝國主義的侵略，更警告我們不要讓中國成爲另一個帝國主義國家。他說，即便有一天中國強大了，也絕不能走上侵略他國的道路，不應該像列強一樣去滅人國家、擴張霸權。他提醒我們，這條路是滅亡的覆轍！

他強調，中華民族的天職就是濟弱扶傾。我們要幫助那些弱小民族，同時抵抗世界上的列強勢力。這種濟弱扶傾的精神，是三民主義中的民族主義，和西方那種狹隘、自私的民族主義截然不同。

孫中山先生的這一思想，是他對人類和平與公義的追求。他告訴我們，中國的強大不應該是爲了壓迫他人，而是爲了幫助更多的人走向自由與尊嚴。讓我們繼承這份濟弱扶傾的精神，爲世界大同而努力，讓中華民族成爲世界和平與正義的守護者！

32 學習歐洲民權思想，但不全盤照抄

這一單元我們來談談孫中山先生對於歐洲民權思想發展的看法。民權思想，這一現代文明的基石，正是在歷經壓迫與反抗之後，在歐洲的土壤中萌芽、成長，並逐漸改變了整個世界的面貌。

歐洲民權思想的誕生，源於君主專制帶給人民的壓迫。在那些封建諸侯割據的時代，爲了統一國家，許多人選擇支持君主專制。然而，隨著君權的伸張，人民生活在水深火熱之中，終於忍無可忍，開始向君主爭取政治權利，於是近代的民權思想開始萌生。

在這條艱難的歷程中，我們看到英國的洛克，他被稱爲近代民主思想的奠基人。他認爲每個人在自然狀態中都應享有同等的權利，政府的權力來自全體人民的授權，主權應屬於人民。這一思想極大地影響了後世的民主政治，成爲民主的主要論據。

接著是法國的孟德斯鳩，他基於當時英國的民權運動成果，提出了三權分立的學說，主張以分權來保障人民的自由。這一學說對美國的憲法制訂產生了深遠的影響，成爲現代民主

國家的典範。

而另一位法國思想家盧梭，他以「天賦人權」對抗「君權神授」，他的思想激發了無數人對抗專制，並最終引爆了法國大革命。孫中山先生高度評價盧梭，稱他是「歐洲主張極端民權的人」，他的思想爲政治變革立下了不朽的功勞。

歐洲的民權思想經過長時間的發展，民權革命運動也經歷了艱難的奮鬥。這些革命不僅在歐洲，更在世界其他地區產生了深遠影響。孫中山先生說：「英國的民權革命發生時，正值中國的明末清初，這一變革震撼了歐洲與美洲。」隨後，一百年後，美國獨立革命發生，美國成立了世界上第一個實行民權的國家——美國聯邦。而美國的成功，隨後又引發了法國革命。

孫中山先生自己就說過，他的思想淵源之一就是取自於歐美的思想與經驗。不過，孫中山先生了不起的地方在於，他並沒有全盤照搬西方的民權思想，而是融合了中國傳統的固有文化，以及增加了他個人獨特而創見的想法，而使得他的思想更全面、更完善，也更符合中華民族的需要。

33 中國傳統民權思想是好東西

這一單元我們要一起來回顧和反思我們國家民權思想的復興歷程。孫中山先生指出，其實早在兩千多年前，我們的先賢孔子、孟子就已經在倡導民權思想了。

孔子說：「大道之行也，天下爲公。」他描繪了一個人人平等、天下爲公的大同世界，這不正是民權的理想嗎？孔子又總是稱讚堯舜，因爲在他們的統治之下，天下並非一家之天下，而是由民衆共治。孟子也說過：「民爲貴，社稷次之，君爲輕。」在他的思想中，百姓的地位是高於國家、甚至高於君王的！他甚至主張那些暴虐無道的君王應該被推翻。

然而，從秦朝開始到清朝，君主專制壓制了這些民權思想。直到孫中山先生順應世界的民主潮流，才眞正讓我們的民權思想得以復興。他創立了民權主義，鼓吹革命，建設共和國，讓我們的國家走上了民主之路。

孫中山先生的國民革命，正是中國近代民權運動的起點。他說：「革命的始意，本來是爲人民在政治上爭取平等與自由。」革命的力量來自於民衆，正如他所說：「革命事業由民衆發起，亦由民衆完成。」這句話揭示了民權運動的本質，它不僅是少數人的理想，而是全體人民的渴望與追求。

為了讓革命有序進行，孫中山先生提出了清晰的方針和步驟。他從「立黨」到「宣傳」，再到「起義」，一步步推進；他的革命方略由「軍政」轉到「訓政」，最終到「憲政」，這與英、美、法三國隨著形勢自然推進的革命路線完全不同。在他的堅持與努力下，經歷了十次起義失敗，終於在辛亥革命中成功推翻了千年以來的君主專制，為民主政治開啓了新的篇章。

中國固近千年以前就有民權思想，但是近千年來卻是君主體制。孫中山先生帶領革命成功，建立了亞洲第一個民主國家。我們應珍惜這個得來不易的成果，重新找回中國固有的以民為本的民權思想，讓我們的民主變得更健全，並繼續讓民權主義發揚光大。

34 民權要做到自利與利他

這一單元我們來探討孫中山先生對於「民權」的意義與作用的精闢見解。他對民權的解釋，既簡潔明瞭，又蘊含深意，讓我們得以清楚瞭解什麼是眞正的民權。

孫中山先生說：「要解釋民權，首先要知道什麼是民。」他認爲，凡是有組織的、成群結隊的衆人，就是「民」。那麼，什麼是「權」呢？權就是力量，是一種威勢，是執行使命、發布命令的能力。把「民」和「權」結合在一起，民權就是「人民的政治力量」！政治呢？政就是衆人的事，治就是管理，管理衆人的事便是政治。有管理衆人之事的力量，便是政權。今以人民管理政事，便叫做民權。

政治就是管理衆人的事務。因此，民權的核心意義，就是「衆人的事要由衆人來管理」。這是一個天經地義的道理，是人類社會進步的基石。

孫中山先生進一步談到民權的作用。他指出：「權的作用，就是用來維持人類的生存。」他認爲，人類的生存需要兩件至關重要的事——「保」和「養」。保，是自衛，無論是個人、團體，還是國家，都需要有自我保護的能力，這樣才能夠生存；養，是覓食，讓每個人都能夠生活無虞。

但在追求「保」與「養」的過程中，人類會遇到各種挑戰、障礙和競爭，因此需要「權」來維護自身的生存。這種權力的演變，從神權到君權，再到民權，雖然形式不同，但本質上都是爲了讓人類能夠生存下去。

孫中山先生的這一番話，不僅讓我們理解了民權的本質，也提醒我們每一位身爲「民」的一員，都擁有而且應該擁有管理自己事務的權利。我們對於這個經過爭取而得來的民權，要懂得珍惜，而不是濫用。民權的目的是自利與利他，也就是說，既要懂得維護自己的權利，但是也要爲公衆的權利而堅持。

35 民權非天生，是爭取來的

這一單元我們來談談孫中山先生對於民權由來的看法。孫先生提出了一個與衆不同的觀點，他認爲民權不是天賦的，而是人們經過艱苦奮鬥爭取來的。

孫中山先生不同意盧梭的「天賦人權」理論，他認爲，雖然《民約論》提到人民天生享有平等自由的權利，但歷史的發展告訴我們，民權是隨著時勢和潮流，在長期的奮鬥中逐步形成的。

孫中山先生將人類奮鬥的歷史分爲四個階段，來說明民權的來源。第一個階段是「洪荒時代」，那時人類與野獸爭奪生存，不是靠權力，而是靠氣力；接著是「神權時代」，人類開始與天地抗爭，依靠的是神權；然後進入「君權時代」，國與國、民族與民族之間互相爭奪，依靠的是君權；而到了「民權時代」，人民開始與君主抗爭，正義與暴政對立，依靠的就是民權。

孫中山先生指出，民權之所以出現，是因爲人類求生存的需求。人民爲了保障自己的生命和財產，不得不發起革命，推翻神權統治，推翻君主專制，才最終進入民權的時代。當人民成功與君主抗爭後，便制定憲法，確立人民的自由和平等，這才眞正擁有了民權。

孫中山先生稱這種民權爲「革命民權」，他認爲民權並非從天而降，而是通過一場場革命爭取而來的。他舉了英國、美國、法國和中國的例子，這些國家的民權都是人民多年抗爭的成果。

基於這一點，孫中山先生主張「民國的民權，只有民國的國民才能享有」。他提醒我們，要愼重賦予民權，不可以輕易賦予那些反對民國的人。孫先生明確指出，那些賣國求榮、效忠帝國主義或軍閥、分裂國家的人，不應享有民權。相反，眞正反對帝國主義的個人和團體，應當享有一切自由和權利。

孫中山先生告訴我們，民權來之不易，它是無數先烈用血汗換來的，所以我們應該要珍惜這份民權，並堅決保護它，讓民權成爲中華民族繁榮的基石！

36 主權在民與政治平等

這一單元我們來探討孫中山先生的民權主義。孫中山先生的民權主義包含兩個最重要的意義：一是「主權在民」，二是「政治平等」。

首先，什麼是「主權在民」？孫中山先生提出，主權在民就是國家的統治權屬於全體國民，而不是屬於任何一個人或少數人。孫中山先生形象地說：「用人民來做皇帝。」他認為，中華民國是「人民的國家」，在君主專制時期，大權集中在君主一人之手；而在民國，主權屬於全體人民，四萬萬人民就是「今之皇帝」。國家的百官，從總統到基層的官員，都是人民的「公僕」。

《中華民國憲法》明確規定：「中華民國之主權屬於國民全體。」這就是說，每一位國民都是國家的主人，擁有參與決策的權利。這也是爲什麼孫中山先生的民權主義強調「直接民權」、「全民政治」、「地方自治」，希望讓每個人都能夠參與到國家的治理之中，眞正實現「人民有權，政府有能」。

其次，民權主義就是「政治平等的主義」。孫中山先生強烈主張，在民權主義的國度裏，任何人都不應該因爲身分而享有特權，所有國民的政治地位應該一律平等。他不許任何軍閥、官僚成爲特別階級，主張全國男女的政治地位一視同仁。

孫中山先生在擔任臨時大總統時，立即下令禁止買賣人口，恢復人權，取消了對某些特定群體的不公平待遇，讓所有人享有平等的權利。他堅持，官員也是人民的「公僕」，並不是特殊的階級。因此，他自稱爲「公僕」，拒絕接受任何榮譽稱號，眞正踐行了平等的理念。

孫中山先生的民權主義告訴我們，每一位國民都是平等的，每一位國民都是國家的主人。我們要捍衛這一平等的原則，讓每個人都能夠在這片土地上享有同等的權利和尊嚴。讓我們一起努力，實現孫中山先生的理想，建設一個眞正主權在民、政治平等的國家。

37 人民當家作主的全民政治

這一單元我們來談談孫中山先生的「全民政治」主張。他提出了一個重要觀點，那就是「民治」是落實「民有」與「民享」的基礎。什麼是「民有、民治、民享」？這三個詞，其實源於美國總統林肯的著名言辭："of the people, by the people, for the people"。這句話的核心，就是人民當家作主的理念。

孫中山先生指出，自從推翻滿清、建立民國以來，「民有」這一層面似乎已經初步實現。然而，在民國初年，政權依然被軍閥和官僚把持，人民不但無法參與國事，甚至還飽受戰亂的折磨，流離失所，談何「民治」與「民享」？因此，孫先生堅信，唯有落實「民治」，才能實現眞正的「民有」與「民享」。他說：「人民必須能夠治理，才能享有權利；如果無法治理，那所謂的民有、民享也都是空談。」

革命成功後，我們收回了土地和主權，但這些權力只是名義上的，實際上我們的人民並未掌握治理國家的實權。孫中山先生強調，要達到眞正的「民治」，必須把政治上的主權實際地放到人民手中，這才是他所謂的「民權主義」的眞義。民權主義的目的，就是讓人民的權力足以監督和調節政府，避免專制和極權的產生。

那麼，什麼是「全民政治」呢？孫中山先生認爲，中國的社會與歐美不同，因此我們的政治體制也應該有自己的特色。我們不需要一味模仿歐美，而是要創造出屬於我們自己的、駕乎歐美之上的「全民政治」。在他的設想中，全民政治就是每一個人都擁有「皇帝」的實權，人人平等地享有選舉、罷免、創制和複決的權力，這就是他所說的「直接民權」。

孫中山先生的理想，是讓政權屬於全體人民，而直接民權則是實現這一理想的方法。讓我們繼承孫中山先生的遺志，讓每一位國民都能參與治理，成爲這個國家的眞正主人，實現眞正的全民政治，爲我們的未來創造一個民主、公正的社會！

38 建立人民可掌握的萬能政府

「權能區分」是孫中山先生的重大發明。今天，我們來談談孫中山先生提出的「權能區分」這個概念。

孫先生指出，許多人認爲中國不適合民主政治，因爲人民的知識水平不夠高。對此，孫中山先生堅決不同意！他說，這種觀點其實沒有眞正理解「權」和「能」的意義。

什麼是權？什麼是能？孫中山先生說得很清楚：「權」就是「人民的權利」，而「能」則是「政府的能力」。在他的設想中，眞正的民權政治就是人民掌握權力，政府擁有能力，這就是所謂的「權能區分」。

孫中山先生將人民的權力定爲四項：選舉權、罷免權、創制權和複決權。這四個權利讓人民能夠直接參與和管理政府，眞正實現「民有、民治、民享」。而政府則擁有五項治理能力：行政、立法、司法、考試和監察，這是政府應具備的執行力，讓它能夠有效地爲國家和人民服務。

孫中山先生打了一個很形象的比喻。他把政府比作一艘大輪船，而人民就像是這艘輪船的駕駛員。輪船有強大的馬力，這就像政府擁有的五項治權——可以推動國家向前。但人民的政權，就是這艘船的方向盤，掌握著整個船的航向。正如駕駛員控制輪船一樣，人民有權指引政府的方向。只有這樣，政府的強大能力才能眞正服務於人民，而不會成爲一種壓迫的力量。

孫中山先生還提醒我們，權與能要平衡。人民有充分的「權」來監督政府，這樣我們就不必擔心政府權力過大；同時，我們希望政府的「能」愈強大愈好，就像一艘大船航行得更遠、更穩，爲人民創造更多的福祉。

因此，孫中山先生提出，人民必須擁有選舉、罷免、創制和複決四項權利，而政府則需要具備行政、立法、司法、考試和監察五項能力。這樣，我們就能建立一個既有力又平衡的政治體制，眞正實現民權政治。

孫中山先生的「權能區分」不僅是一個理論，更是他的民主理想。他希望政府成爲一個「萬能政府」，能夠爲人民提供最好的服務；他也希望人民能夠成爲國家這艘大船的主人，決定這個大船的方向。

39 人民有權、政府有能

這一單元我們來聊聊「爲什麼要權能區分」。這是孫中山先生提出的關鍵理念之一，帶著對人民和政府的深刻理解和期望。

首先，我們爲什麼需要「權能區分」呢？孫中山先生指出，當一個國家實行民權後，人民常常會對政府產生一種「防範心態」，害怕政府的權力過大而無法控制，於是總是試圖限制政府的能力。然而，這樣一來，政府反而因爲受限而無法發揮實際作用。孫先生提到一位瑞士學者的話：「各國自實行了民權以後，政府的能力便行退化。」這是因爲人民總是防範，生怕政府權力過大，不聽自己的話。

然而，孫中山先生看到了這個問題，並提出了一個突破性的解決方法，這也是孫中山先生在世界上對民主制度的第一次發明，那就是——權能區分。這個方法，是將人民的「管理權」和政府的「執行能力」區分開來。讓人民擁有最高的控制權，同時賦予政府足夠的能力來處理國家事務，這樣才能讓人民不再害怕政府擁有能力，因爲最終控制權還是在人民手中。

其次，孫先生認爲權能區分還可以補救政府「無能」的問題。有一位美國學者說過：「民權國家最好的情況就是擁有一個萬能政府，這個政府能完全聽從人民的意志，爲人民謀幸福。」可問題是，如何讓這個「萬能政府」既能夠聽從人民，又能夠眞正發揮其強大的執行力？

孫中山先生給出的答案就是權能區分。他認爲，政府的能力愈強愈好，只要人民擁有選舉、罷免、創制和複決四項權利，就可以有效節制政府的行爲。這樣一來，政府既能夠發揮萬能的作用，爲人民服務，又不會成爲人民的威脅。

孫中山先生的權能區分，就是做到「人民有權、政府有能」，讓政府能夠擁有強大的執行力，同時確保人民始終是這個國家的主人。這不僅是民權思想的一大創舉，更是實現眞正「民有、民治、民享」的堅實保障。

讓我們繼承孫中山先生的智慧，全面落實權能區分的理想，讓政府成爲眞正爲人民服務的「萬能政府」，讓人民眞正成爲國家的主人！

40 五權分立讓政府高效運作

這一單元我們來聊聊孫中山先生的「五權憲法」，這可是他在政治上的一大創新！孫中山先生說過：「五權憲法是我首創的，古今中外沒有任何國家講過這個概念。」這個憲法的核心目標，就是在三權分立的基礎上，再加上兩權，來補強三權制衡制度的缺陷，讓政府不僅能制衡，還能眞正高效地運作。

在古代中國，監察和考試制度一直被視爲重要的政治工具。孫中山先生很欣賞這些制度，說：「在古代，彈劾權是獨立的，即便是君主有錯，也可以冒死進諫，讓君主聽到眞話。」這種忠誠和骨氣，是當時的官員風骨的一部分。而考試權呢？「有了考試，就能確保眞正有才華、有學問的人來擔任公職，眞正成爲人民的公僕。」

孫中山先生認爲，中國的傳統制度值得保留，但也需要與現代的三權分立相結合。中國古代君主的權力不僅包括立法、司法和行政，也包含監察和考試。於是他設想了一個五權分立的政府架構，讓行政、立法、司法三權各司其職，再加上獨立的監察和考試權，讓政府不僅能互相監督，更能分工合作。

為什麼要多出這兩個權力？因爲在三權分立的制度下，行政機構如果同時掌握考試權，可能會產生用人唯親的問題；而立法機構如果兼有監察權，監察反而成爲形式上的存在，或者造成國會的專制。因此，孫中山先生主張把考試和監察權從行政、立法機關中分出來，形成一個五權並立的架構，讓這些權力能眞正發揮作用！

孫中山先生這個「五權憲法」設想的實施，不僅是權力之間的制衡，更是分工合作的一種理念。考試權的獨立，可以確保公務員的專業能力和中立性；而監察權的獨立，能夠防止國會專權，維護政府的廉潔，提升施政的效率。這樣一來，五權分立比三權制衡更有效，眞正做到了監督與合作的相輔相成！

最後，讓我們思考一下，五權分立的兩大特點：第一，五權既獨立又相輔相成，積極的時候可以讓政府發揮最大效能，消極的時候則能防止權力的濫用。第二，權力與能力的平衡。這個設想讓人民擁有四個政權，政府擁有五個治權，互相平衡。政府爲人民服務，人民則無需懼怕政府專制，這樣才是穩定的政治環境。

以五權分立爲內涵的五權憲法，眞的是孫中山先生的遠見，他希望我們能從中汲取精華，打造一個眞正爲人民服務的良善政府。讓我們一起來落實這位偉人的智慧，繼續努力！

41 中央與地方的權力要均衡

這一單元我們來談談孫中山先生在中央與地方政府關係上的一個重要理念，那就是「均權制度」。這個制度的目的，就是要在中央集權與地方自治之間找到平衡，讓每個地方的特色和需求都能被滿足，而不是一刀切地統一處理。

孫中山先生指出：「凡是有全國一致性的事務，交由中央負責；凡是因地制宜的事務，就交由地方來處理。」這句話看似簡單，但其實包含了深刻的智慧！他強調，我們不能偏向於中央集權，也不能完全依賴地方自治，而是要依據事情的性質來決定權力的歸屬。

以軍事和外交爲例，這些事務涉及全國的安全和形象，自然要由中央統一管理，不宜各自爲政。然而，像教育和衛生這類會隨地方需求而不同的事務，則應該交由地方處理。比如，濱海的地區適合發展水產，山谷的地方更適合礦業或林業，讓地方能因應自己的需求來發展，這樣不是更合理嗎？但在同時，學制和義務教育的基本年限這些涉及全國的一致性，中央還是必須介入和劃定標準，以確保公平和品質。

因此，孫中山先生提出的均權制度，並不是生硬地劃分，而是根據每項事務的性質和層次，來決定中央和地方的責任。這樣的設計，讓我們在確保國家統一的同時，又能夠賦予地方足夠的靈活性。

這樣的均權制度，有什麼優點呢？在中國這樣幅員遼闊的國家，這種制度正好讓中央與地方的權限劃分合理而適當，讓各地的需求都能得到尊重與滿足；同時，也讓我們的制度更符合國情、更具彈性，不會走向極端。

這就是孫中山的均權之道：讓中央與地方不再是一種對立，而是一種協調。孫中山先生的均權思想，避免掉在「中央極權」或「地方分權」的「選邊站」政治設計，而認為中央與地方必須既分權，又合作，這不僅是對政治的深入思考，更是一種眞正爲人民著想的智慧！值得我們認眞地落實。

42 地方自治是國家穩固的基石

這一單元我們來談談孫中山先生的另一個重要理念——「地方自治」。地方自治在中國並不是新鮮的概念，歷史上早有相關制度，但孫中山先生賦予它全新的生命，讓它成爲符合民主時代的制度，這是他的一大創舉。

孫中山先生在三民主義的國家建設中，特別重視基層的政治組織。他堅信，地方自治是建設國家的基礎。他曾經說過：「自治，是民國的基石。基石穩固，國家就能安定，安定的國家，才能讓子孫世代享福。」他還說：「三千個縣的民權，就像是三千塊石基，只要這些基礎穩固，就能建立起五十層高的樓宇。」這種比喻多麼形象！孫中山深信，只有透過地方自治，才能穩固國家的基礎，而建國如同蓋房子，需要堅毅的精神和長期的努力，或許要花五年、十年，才能建成這座民國的根基。

那麼，什麼是地方自治呢？簡單來說，地方自治就是讓本地的人民來治理自己的事務。在國家的監督下，地方的人民自己制定規章，選舉官員，來管理自己的公共事務，這就是地方自治的意義。

爲什麼要推行地方自治呢？孫中山有兩個理由。首先，實現眞正的全民政治是地方自治的必要性所在。要達成全民政治的理想，就需要讓人民能夠行使「直接民權」。但在中國這麼廣大的土地上，直接民權的實行面臨很多技術上的挑戰。因此，孫中山提出分縣實行，他認爲：「沒有縣自治，人民就沒有基礎，所謂全民政治就無從實現。」

其次，地方自治也能讓直接民權更容易實行。孫中山強調，直接民權不應該在大範圍的省級單位上推行，而應該以縣爲單位。因爲縣的範圍不大不小，適合數十萬人口生活，因此最便於推行直接民權。在一個縣裏，人民可以透過集會或投票的方式，行使選舉、罷免、創制和複決的權利，眞正做到「主權在民」。他說：「縣自治是最重要的，能夠實現直接民權，這才是眞正的民權。」

那麼，地方自治究竟有哪些工作與功能呢？孫中山在《地方自治開始實行法》和《國民政府建國大綱》中，提出地方自治的步驟。他指出，地方自治應該辦理六項重要工作：清查戶口、建立機構、確定地價、修建道路、開墾荒地、設立學校。

地方自治的作用，不僅僅是爲國家建設奠定基礎，更重要的是，能培養人民的民主觀念和責任感，並訓練人民的政治能力。這些都是建立一個民主國家的根本所在。地方自治健全，民主的基石自然就穩固。在建設國家時，我們不要只是把目光放在中央的政策，不要忘了，地方自治更是值得大家關注與重視。

孫中山先生的地方自治主張，的確很了不起，他讓我們看到一位偉大的政治家對基層的重視。他希望每一個地方的人民，都能培養自己的政治智慧，決定自己的事務，並通過實踐，讓國家有著穩固的基石。

43 自由不是放任，而是合理與合法的自由

這一單元我們來探討一下「自由」這個看似簡單卻意義深遠的詞。孫中山先生對自由有著獨特而深刻的見解。他說：「自由的意義，就是每個小單位在一個大團體中能夠活動，來往自如。」這就是他對自由的基本定義。

但是，孫中山先生也指出，在中國過去的語境中，這個概念並不明確，有些人甚至把自由等同於「放蕩不羈」。然而，他認為這種「放蕩不羈」的自由是毫無約束、毫無方向的，就像一盤散沙，這並不是他所提倡的自由。

孫中山先生主張的自由，是有規範的自由。他說，自由應該是「爲所應爲」，而不是「爲所欲爲」。換句話說，我們的自由需要在一定的範圍內，有著禮儀和法律的約束，這樣的自由才有意義，才能讓個人和社會和諧共處。

那麼，自由的眞諦到底是什麼呢？孫中山認爲，眞正的自由是基於合理和法治的自由。

首先，自由要基於合理。孫中山指出，歐美人在早期談到自由時，並沒有設定範圍，而

把自由看成是神聖不可侵犯，直到英國的學者彌勒氏才提出「一個人的自由應該以不侵犯他人的自由爲範圍」的觀點。這種合理性讓我們明白，過度的自由反而會損害他人的自由，最終讓彼此都無法享受眞正的自由。因此，自由不能是無限制的，而是要基於理性地尊重他人和團體，這樣的自由才是眞自由。

另外，孫中山先生還說，人民需要國家的保障，如果國家受到了侵犯，人民也可能會失掉對自由的保障，因此，個人不可以太過於自由，而國家必須要有完整的自由。

其次，自由要基於法治。孫中山先生強調，自由與權利和義務是相輔相成的。我們每個人都有享受自由的權利，但同時也有義務去限制自己的自由，爲了整體的利益而自律。什麼該保持？什麼該限制？這就需要我們共同決定，並通過憲法來明確。憲法，就是我們人民權利的保障書，法律範圍內的自由才是合理的自由。

法國的思想家孟德斯鳩曾說：「法律所不禁止的行爲，人人有權去做，這才叫自由。」《中華民國憲法》也明確規定，除非有四種情況需要，否則政府不得以法律限制人民的自由：第一，爲了防止侵犯他人的自由；第二，爲了避免緊急危難；第三，爲了維護社會秩序；第四，爲了增進公共利益。這些限制不是爲了剝奪我們的自由，而是爲了保障我們的安全和生活的穩定。因爲唯有國家和社會安全，我們的自由才有依靠。

總結來說，眞正的自由，必須建立在合理與合法的基礎之上。追求自由並不是追求毫無限制的個人主義，而是追求一種合理、合法的自由。現代的民主與自由是我們所追求的目標，但我們也必須謹記，防止民主的偏差與自由的濫用，這才是民權主義所主張的「合理的自由」。

44 國家要有完整的自由

這一單元我們來談談孫中山先生對「自由」這個概念的更深層次看法，尤其是在國家處境艱難時，如何理解「個人自由」與「國家自由」之間的取捨。

孫中山先生所處的年代，正是中國飽受列強侵略、淪爲「次殖民地」的時期。在這樣的背景下，他觀察到：當社會上每個人都追求無限制的個人自由，當私人資本無節制地擴張，結果往往是國內的軍閥與帝國主義勾結，資產階級只想分一杯羹，整個國家就像一盤散沙，無法團結，毫無抵抗能力。

孫中山先生當時痛心地說：「我們的自由太多了，沒有團體，沒有抵抗力，成了一片散沙。」正因爲如此，當時的中國才會被外國的經濟壓迫、帝國主義侵略。要想有能力抵抗這些壓迫，孫中山先生認爲，我就必須放下各自的個人自由，要共同團結合作，就像加了水泥的沙子一樣，凝結成堅固的石頭，才能夠抵禦外敵。

他認爲，在這樣的時代，自由的概念必須改變。我們不能一味地把自由用於個人，這樣只會削弱國家的力量；相反，我們應該讓國家獲得完全的自由，即便個人要做出犧牲，也是值得的。因爲唯有當國家能夠行動自由，中國才會成爲強盛的國家。

因此，孫中山認爲，黨員、官員、學生都應該犧牲部分的個人自由，爲國家爭取自由。他特別讚揚了五四運動中那些愛國的青年，他們不畏艱難、蓬勃奮起，用革新思想來準備未來的革新事業，這是一種犧牲小我、成就大我的精神。

但他也警示過度濫用自由的現象。他說，有些學生打著「爭取自由」的名號，卻只是藉機在學校發起風潮，甚至只是爲了不想上課，或者說老師侵犯到學生的自由，要驅逐老師，口口聲聲說要革命。孫中山先生提醒學生，這樣的自由用法是不正確的，學生應該天天用功，在學問上做工夫，有了學問，便可以替國家做事。自由應該是爲了服務社會、服務國家，而不是爲了滿足自私的個人需求。

不僅學生，孫中山還提到軍人和官員也要犧牲自由。他認爲，軍人要服從命令、忠心報國，才能保障國家的安全；而官員作爲人民的公僕，享受的是人民的供奉，他們在任職期間理應停止個人的自由，全心全意爲人民服務，否則就應該辭去職務，回歸普通百姓。

他說得非常精闢：「共和與自由，都是爲了人民全體；至於官員，只是國民的公僕，受人民的供應，又怎能享有完全的自由呢？」他用自己的親身經歷說明，即便在他擔任總統的期間，也不能隨心所欲行事，因爲他承擔著國家與人民的責任。他今天能夠自由地與大家交談，正因爲他現在是一個國民，而非總統。

這一切，讓我們看到孫中山先生對「自由」的深刻理解。他的「官員無自由」、「官員爲國民公僕」的言論，掃除了數千年來官僚壓迫的陰影，讓我們眞正明白自由不僅是個人權利，更是爲了實現國家的強盛與人民的福祉。

這就是孫中山對於自由的理解。他認爲，自由除了必須是合理與合法的自由外，犧牲一部分的個人自由，成就國家的完全自由，才是社會所需要的自由。這也是孫中山先生對於當時中國所處的積弱環境，以及對西方個人自由主義思潮盛行的反省，即使在今日，孫中山先生對自由的看法，仍是值得我們思考的。

45 民權必須做到真平等

這一單元我們來聊聊「平等」。這是一個聽起來簡單，卻極具深意的概念。孫中山先生指出，民權必須以平等為基礎，但眞正的平等並非我們想像中的那麼簡單，而是有深刻的區別和智慧。

孫中山先生認爲，平等可以分爲三種，分別是：不平等、假平等、眞平等。

首先，我們來談談「不平等」。孫中山先生指出，這個世界充滿了不平等，無論是天生的還是人爲的。在天生的不平等方面，每個人的聰明才智、天賦秉性都有差異，就像今年的樹葉和去年的樹葉一樣，沒有完全相同的。這種差異本來就是自然的。

然而，還有一種更殘酷的不平等，那就是人爲的不平等。孫中山先生認爲，歷史上的專制帝王通過階級制度，將人爲的不平等推向極致。這種制度將人分成「帝、王、公、侯、伯、子、男、民」，階級森嚴，無法逾越。這就是封建時代的不平等，是一種人爲的壓迫。孫中山的民權革命，就是要打破這種人爲的不平等，還給人民應有的尊嚴。

接下來是「假平等」。孫中山告訴我們，專制推翻後，人們往往渴望人人平等，卻沒有意識到天生的差異，於是追求一種「齊頭式的平等」。這種假平等不考慮每個人的天賦，把聰明才智不同的人都壓成同一水平，結果反而阻礙了人類的進步。孫中山先生說得很透澈：「如果大家都被強制一樣，那麼社會就會停滯不前，人類也會退化。」

那麼，什麼才是眞正的平等呢？孫中山提出了眞平等的概念。他認爲，眞平等就是一個「立足點的平等」，就是讓每個人站在同一個起跑線上，有相同的發展機會，根據各自的天賦和才力去發揮。這不是要抹平大家的差異，而是要讓每個人都擁有一個公平的立足點，從這個基礎上出發，無論聰明還是普通，都能找到自己的發展之路。

眞平等包含兩個重要意義：法律之前的平等和生活條件的實質平等。法律之前的平等意味著，無論你的身分地位，人人都應受到法律的同等保護，承擔相同的責任。

而實質平等則是指，每個人都應該擁有公道的基本經濟生活條件和受到教育的條件，大家都有機會謀生、選擇職業、接受教育，這才是立足點平等爲基礎的眞平等。

這就是孫中山對平等的願景：我們追求的不是形式上的平等，而是能夠促進人類文明進步的眞平等。這樣的平等，讓每個人都擁有機會，在同一個基礎上努力，這是民權主義所追求的目標。

46 用「服務」來促進社會平等

這一單元我們來談談如何實現社會的眞正平等。孫中山先生告訴我們，平等並不是表面上的均分，而是一種精神，一種服務與利他的精神。

孫中山先生指出，人類的思想分爲兩種：利己和利他。他說：「那些重視利己的人，常常不惜傷害他人來滿足自己。而當這種利己思想發展起來，聰明有才的人便會利用他們的能力去奪取他人的利益，最終形成專制和階級，產生政治上的不平等。」這是民權革命以前的世界，充滿了壓迫與不公。

相反地，重視利他精神的人，即便犧牲自己也無怨無悔。他們願意把自己的聰明才力用來爲他人謀取幸福，這樣的社會才是眞正的進步社會。

孫中山先生進一步分析，人類的才能大致可以分爲三種：先知先覺的發明家、後知後覺的宣傳家、不知不覺的實行家。這三種人各有其重要性，缺一不可。但如何才能讓這三種人和諧共處，爲社會貢獻呢？

答案很簡單：就是「服務」這兩個字。孫中山先生說，社會中每個人都應以「服務」爲目標，而非奪取。只有當每個人都把服務他人作爲人生的目標，才能實現眞正的平等，才能讓社會更加和諧。

孫中山先生還期望那些聰明才智愈高的人，能夠爲公衆服務得愈多。他說：「才智愈高的人，應該用他們的才能去服務千萬人，創造千萬人的幸福；而才智稍低一些的，也應該服務數百人，創造數百人的福祉；即使能力最爲有限的人，也應盡己之力，去服務一人，造福一人。」

孫中山的理念是什麼呢？那就是「聰明才力的強者，應該成爲社會上弱者的扶持」。他希望智者、強者、富者能幫助愚者、弱者和貧者，讓社會不再是弱肉強食，而是互相扶持、共同進步的團體。這才是眞正的平等，是一種科學的平等，也是一種道德的平等。

孫中山的平等理念啓示我們，平等不只是外在條件的平衡，更是內心的一種道德承擔。每個人都在服務中找到自身的價值，在幫助他人中提升自己的品德。這樣的社會，才是眞正進步的社會，也才會是個眞正平等的社會！

47 直接民權才是人民真正當家作主

這一單元我們來探討孫中山先生的「直接民權」理念。這個概念是他對眞正民主制度的追求，也是他對人民擁有自主權利的期待。

孫中山先生觀察到，在歐洲的政治革命中，少數聰明有才的人以「自由和平等」的名義推翻專制君主，然而，當他們掌權後，卻往往變本加厲地實行專制，比原來的君主專制還要更加苛刻。這樣的循環反覆、動盪不安，直到人民眞正掌握權力，才能達到社會的穩定和平靜。他深刻地指出：「政權歸於平民，才是眞正的平等！」

那麼，什麼是「直接民權」呢？孫中山解釋說，在傳統的代議制度下，人民的權利僅限於選舉官吏和議員，選舉過後，人民便無法再干預政府的運作，這就稱爲「間接民權」。這種間接民權的體制，讓政府脫離了人民的監督，人民無法眞正管理政府。

爲了補足代議制度的不足，孫中山先生提出了「權能區分」的概念：人民有權，政府有能。他認爲，眞正的民權應該讓人民直接行使四種基本權利，即選舉權、罷免權、創制權和複決權。這四項權利使人民能夠直接參與政府決策，不再依賴代議士來代表自己。

孫中山先生特別強調：「代議制不是眞正的民權，只有直接民權才是眞正的民權。」他引用瑞士的經驗來說明，直接民權的實行並不容易，甚至需要付出「碧血的代價」。他提醒大家，雖然直接民權的獲得是艱辛的，但這樣的民權更爲可貴，値得我們付出一切努力去爭取。

直接民權的核心，就是讓人民能夠以集會或總投票的方式，來行使選舉、罷免、創制和複決四種權利，眞正掌握自己的未來。而代議制度僅僅是人民選舉出代表來代替管理政事，人民的參與因此受到限制。因此，孫中山希望通過直接民權的推行，來補足間接民權的不足，讓人民能夠眞正在國家大事中發揮自己的聲音和力量。

孫中山先生告訴我們，有了直接民權，人民才是眞正當家作主。他希望每一位國民都能夠參與政治，不再是被動的旁觀者，而是積極的決策者。因爲只有當人民眞正掌握了自己的命運，國家才會更加穩定，社會才能夠更加和諧。

48 有四種民權才算完整

這一單元我們來聊聊孫中山先生所說的「四種民權」，這四種民權不僅讓人民擁有眞正的權力，也讓國家運行得更爲公正有效。

孫中山先生指出，許多所謂的先進民主國家，實際上只實行了其中一項民權——選舉權。這當然是一項重要的權利，人民可以通過選舉選出他們的代表和官員，但僅僅依賴選舉權，卻像是一台只能前進、不能後退的舊機器。只有推力而沒有拉力，當選出來的官員不能勝任時，人民卻無法立即撤換他們，這樣的民權是不夠完備的。

於是，孫中山先生提出了第二項民權——罷免權。有了罷免權，人民不僅能選出官員，還能在官員失職或無法履行職責時，將他們拉回來。這樣的制度，讓官員來去皆由人民決定，國家治理就像一台新式機器，不僅可以前進，還可以後退，完全由人民自動掌控。

接下來，孫中山先生提到的不僅是管理「人」，還有管理「事」。在選舉和罷免官員之外，法律同樣是國家運行的重要支柱。孫中山先生說，人民應該擁有一項權利，來主動制定或推動新的法律，這就是第三項民權——創制權。如果人民認爲某項法律對大衆有益，便可以透過創制權，將其提案並要求政府執行，防止立法機關怠忽職守，這樣的制度可以更好地保障人民的利益。

最後，孫中山先生提出了第四項民權——複決權。假如某項舊法律已經過時，或是新通過的法案損害了人民利益，人民應該有權利廢止或修改它。複決權讓人民可以依照一定程序進行投票，決定法律的存廢與修改，確保人民的聲音能夠直接影響到法律的運行，防止議會的專制與擴權。

這四種民權——選舉、罷免、創制和複決，讓人民不僅能管理官員，也能管理法律，使得國家權力不再集中於少數人之手，而是分散到每一位國民之中。這才是孫中山所說的「直接民權」，是人民眞正掌握自己命運的方式。

近年來，許多政治學者提出了「善治」的理念，認爲僅僅依靠選舉無法達到眞正的高效治理，反而會造成民粹和社會對立。孫中山先生的四種民權設計，讓我們看到他對「善治」的遠見：通過對人的選擇和監察來把好人引進、淘汰不適任者，並在行政、立法、司法的制衡中，確保每項事務皆爲民衆的福祉服務。

這就是孫中山先生的智慧。他期望每一位國民不僅擁有「選擇」的權利，還有「控制」、「創造」和「維護」的權力。只有這樣，人民才能眞正掌控國家，達到眞正的民主和公正！

49 為何稱「中華民國」，而非「中華共和國」？

這一單元我們來聊聊孫中山先生對於「直接民權」和「民主」的深刻見解。他認爲，直接民權才是民主的根本，這不僅是他對人民權力的期許，更是他對中國未來的一個宏大構想。

我們先要瞭解，與君主國體不同，共和國體強調的是國家統治權由人民選出的代表來行使，而非由君主世襲。古代的羅馬共和國是最早的共和國之一，而後來的威尼斯共和國則是貴族共和，並沒有眞正的平等參政。隨著歷史的演進，到了現代，代議制度的共和政體成爲許多國家的選擇，像英國有上議院和下議院，美國的參衆兩院也都是由人民選出，代表著充分的民主意涵。

然而，共和政體中的代議制仍然有它的不足。由於代議政治中的議員職權和任期由法律規定，選民無法在選後立即監督和更換代表，這就使得代議制有了某種限制。爲了彌補這個缺陷，孫中山先生提出了「直接民權」的理念，強調人民應該直接行使「選舉、罷免、創制、複決」四種權利。

這四種權利是什麼意思呢？選舉權讓人民能選出代表；罷免權則讓人民在代表失職時能即時更換；創制權讓人民可以直接提案新的法律；複決權則賦予人民廢止或修改不合理法律的權力。這些權利使得人民不僅能在選舉時參與政治，還能在日常生活中監督政府，這才是孫中山所說的「眞正的民權」。

「共和」與「民主」並非對立，而是相輔相成的關係。共和政體提供了代議的架構，而民主政體則透過直接民權來補足，使得人民在平時也有監督和改變的權力，從而避免了民粹的風險。

大家可能會好奇，為什麼我們的國家名稱叫「中華民國」，而不是「中華共和國」呢？孫中山先生曾在演講中說明過：「共和」代表代議政體，但「民國」則更進一步，體現了直接民權的理念。他希望中國不僅僅停留在代議制的共和體制，而是要以直接民權超越西方的共和國，成為一個由人民眞正主導的國家。

《中華民國憲法》的第一條明確規定：「中華民國基於三民主義，為民有、民治、民享之民主共和國。」這正是孫中山的理想，他希望通過直接民權，讓每一位國民都成為國家治理的一分子，讓「民」在國家中發揮眞正的力量。

從孫中山先生的談話可以瞭解，爲什麼國名是「中華民國」，而不是「中華共和國」。這其實正是孫中山先生的夢想。他希望他創立的是一個由人民掌握、人民治理、人民享有的國家。他期望每一位國民，不僅僅是投票的工具，更是參與國家建設的主人。這就是他對民主最深切的期盼。

50 如何才能把政府變成萬能？

這一單元我們來談談孫中山先生心中的「萬能政府」。他認爲，政府就像是一部機器，但它並不是普通的物質機器，而是一部「人事的機器」，由人組成，運作的是人心和智慧。

孫中山先生指出，要建立一個萬能的政府，首先要使這部機器的結構完備，然後要選擇優秀的人才來構成它的每一個部分。只有這樣，這部機器才能強大，才能爲人民謀取最大的幸福。

孫中山先生說，政府的力量愈大，它爲民衆帶來的幸福也就愈多。如果我們的政府無力，那麼它所能成就的也非常有限；但如果政府有著強大的力量，它所能造福的規模也會極大。因此，建立一個強有力的政府，是每一個人民的期望。

那麼，如何才能建立這樣一個萬能的政府呢？孫中山先生主張，我們需要依照「五權分立」的原則來設計政府體制，即將行政、立法、司法、考試和監察這五種治權分開。這種分立的設計，能讓各機關既能相互配合，又能互相制衡，不會走向專制，同時也能保持統一運作的力量。

他進一步說道：「用五權憲法所組織的政府，才是完整的政府，才是能夠爲人民盡力的機關。」這五權分立的設計，不僅防止了權力的過度集中，還讓每個機關在自己的職責範圍內發揮最佳功能，形成一個眞正完備的政府體系。

這就是孫中山先生的期待：建立一個能夠爲人民服務、爲國家造福的萬能政府。他深信，只有當政府結構完備、權力分工明確，並由優秀的人才組成，它才能成爲一部眞正爲民謀福的機器。

51 不要民粹政治，而要專家政治

這一單元我們來探討孫中山先生對「專家政治」的理想，他期望建立一個「權」與「能」分開、專家治國的體制，以推動國家的快速進步和人民的福祉。

首先，孫中山先生強調「權與能要分開」。他指出，歐美國家在各個領域都已經開始依賴專業人士：軍事上需要軍事家，工業上需要工程師。政治也不例外，應該由專業人士來管理。然而，現代社會中，由於人民的傳統習慣，往往對專家政治存有疑慮，擔心權力一旦交給專家，無法監督。

孫中山認爲，我們應該革除這種舊有的恐懼，實現「權」和「能」的分離。國民是主人，有「權」；而政府則是專家，有「能」。他說，政府的官員「不管他們是大總統、是內閣總理、是各部總長，我們都可以把他們當作汽車夫」，也就是把他們都當成「司機」，只要他們忠心爲國，有能力做事，我們就應該把國家的大權託付於他們，讓他們自由發揮，這樣國家才能快速進步。

為了讓人民對專家政治更有信心，孫中山強調了「四種民權」的作用：選舉、罷免、創制和複決。這四種權利讓人民能夠充分監督政府，確保專家政府為民造福，而不是為自身利益服務。當人民擁有這些控制權，就可以放心地將治理的「能」交給專業人士，這就是孫中山對專家政治的核心理念。

接著，孫中山談到「考試權要獨立」，這是實現專家政治的重要一步。他指出，議員和官員不應僅僅依靠金錢或背景來當選，而是要通過德才兼備的選拔。他說，我們可以借鑒中國古代的考試制度，針對候選人進行資格審查和測試，以確保他們具備足夠的才幹和德行。

孫中山先生說「我們又怎樣可以去斷定他們是合格呢？我們中國有個古法，那個古法就是考試。」他認為，通過獨立的考試權，可以選拔出真正有能力的人才來擔任各級官員，避免權位被不合格的人占據。當人民掌控「權」，專家掌控「能」，這樣的政府才能既有效率又為民謀福，真正做到「以民所治」，建立一個萬能政府。

我們都看到了，西方的民主制度，不是變成權貴治國，就是民粹治國。孫中山先生的憲政設計，就是一個讓專家政治可以出頭的規劃，也只有如此，才能建立一個真正的、萬能的、為民服務的政府！

52《民權初步》一書的內容是什麼？

這一單元我們要談談孫中山先生撰寫的《民權初步》，這本書是他爲了建立民主的運作規範，爲國家未來的社會建設所規劃的一部重要著作。

孫中山先生觀察到，舊中國的社會凌亂散漫，毫無組織，甚至被戲稱爲「一盤散沙」。他深知，若要雪恥圖強、復興民族，首先要從改造社會開始。我們需要的是一個有秩序、有紀律、充滿活力的新社會，能夠跟上現代化的步伐。

在孫中山先生看來，國家要富強，第一步就是要發達民權。而發達民權的起點，就是讓人民學會集會、結社，並行使自己的權力。他認爲，只有當人民具備了集會的知識和能力，才能眞正成爲民主社會的一員，爲此他撰寫了《民權初步》，希望這本書能成爲我們社會建設的基礎。

《民權初步》一書，是民國六年，也就是一九一七年發表於上海。它不僅僅是一本介紹集會的書，它更是構建新社會的規範指南。孫中山先生清楚地知道，中國人傳統上缺乏組織的習慣和團體生活的訓練，甚至連最基本的議事規則都不熟悉。要建立一個新社會，我們需要從頭學起，從最基礎的集會和議事規則做起，把這些訓練成爲我們生活習慣的一部分，最終塑造出一個有組織的國家和團結的民族。

《民權初步》分爲五卷、二十章、一五八節，詳細地講解了集會的程序和方法。它的核心精神包括：重視平等和公正、注重秩序與和諧、尊重討論自由、重視會議過程、少數服從多數、多數尊重少數。這些原則看似簡單，卻是民主社會的基石。

孫中山撰寫《民權初步》的初衷，不僅僅是教導我們如何開會，更是希望每一位國民都能懂得如何參與公共事務，如何在集體中行使自己的權利，同時也尊重他人的權利。他期望我們的社會從「一盤散沙」轉變爲一個有組織、有效率的現代國家，這就是他對民主的期盼。

53 實施憲政的三個階段

這一單元我們來談談孫中山先生對於「憲政」的實施，他的構想不是一蹴而就的，而是經過三個重要的階段：軍政、訓政和憲政。這三個階段像是一條通往民主理想的道路，每一階段都有它的必要性和使命。

首先，是軍政時期。這個時期可以說是「破壞的時期」，目的是爲了掃清阻礙革命的力量，統一國家。孫中山先生說：「在這個階段，一切制度都隸屬於軍政之下。」革命軍隊一方面用兵力對抗反革命勢力，一方面宣傳革命的理想，開化人心，爲統一國家鋪路。這是爲了確保我們有一個穩定的基礎，才可以往下一步邁進。

接下來是訓政時期，這是從軍政過渡到憲政的重要階段，也可以稱爲「過渡時期」。在這個階段，孫中山先生認爲，我們要開始教育人民，教導大家如何行使民權，讓每一位國民都有能力選舉和罷免官員，創制和複決法律。他強調，當一個縣完全自治時，人民就能夠直接行使這四項權利，這才是眞正的直接民權！

最後，當每個縣都達到自治，當全國有過半數的省分完成自治時，我們就進入了憲政時期，也就是「建設完成時期」。這是孫中山先生所描繪的理想最終目標：召開國民大會，制定並頒布憲法，成立五權政府，讓人民眞正享有民主的果實。這是以「憲法之治」取代了先前的「軍法之治」和「約法之治」，讓國家眞正實現以民治國的理想。

孫中山先生爲何要分這三個階段？他說得很清楚：「不經過軍政時期，就無法掃蕩反革命勢力，也無法讓革命的理想深入人心；不經過訓政時期，多數人民雖然獲得了自由，卻不懂得如何運用權利，容易被人操縱而陷入反革命的陷阱。」所以，軍政和訓政的意義在於奠定民主的基礎，防止革命的果實被人偷走，確保人民能眞正理解並行使他們的權利。

這就是孫中山對憲政的期望：經歷了軍政、訓政之後，再迎來一個眞正由人民主導的憲政時代。孫中山先生這種穩紮穩打、循序漸進、不被革命喜悅沖昏頭作法，才能讓憲政的基礎更爲紮實。

54 融合資本主義與社會主義優勢的民生主義

這一單元我們來談談孫中山先生的「民生主義」。為什麼他選擇「民生主義」這個名詞，而非「社會主義」？這背後包含了他對人民生活的深刻關懷，也體現了他對中國未來的深遠思考。

首先，我們要瞭解什麼是「民生」。孫中山先生曾說：「民生就是人民的生活、社會的生存、國民的生計、群衆的生命。」簡單來說，民生不只是延續生命，它更代表了一種美好的生活、一種穩定的生計。孫中山先生從「個體」與「群體」的角度來思考民生，既照顧每一個個體的需求，也關注整體社會的發展，這是一種全面的視野。

孫中山先生的民生主義並不是單純的資本主義或社會主義，而是融合了兩者的精華。他看到資本主義的優勢——尊重個人自由，強調創造力；但他也注意到它的缺陷，比如貧富差距和剝削問題。同樣地，他認同社會主義重視群體利益、追求平等的理念，但也警惕社會主義可能帶來的過度限制與壓抑。他的民生主義就像是橋樑，取資本主義與社會主義之長，避其之短，爲中國探索出一條不偏不倚的道路。

早在他上書李鴻章時，孫中山先生就已經屢次提到「民生」二字。他說：「興大利以厚民生，必使吾中國四兆生民各得其所，方爲滿志。」這表達了他對人民生活的重視，對每一個中國人都能過上安定生活的期待。

後來，在孫中山先生考察歐洲時，他更深刻地意識到，僅僅使國家富強、民權發達還不足以帶來人民的幸福。歐洲各國雖然強大，但內部仍充滿社會矛盾，甚至出現了社會革命。他說：「要眞正讓人民過上幸福生活，還必須解決民生問題。」於是，他將「民生」納入了「三民主義」，成爲民族、民權之外的第三個重要支柱。

値得一提的是，孫中山的民生主義思想早於蘇共在一九一七年的「十月革命」，這證明了他在思考民生問題上具有前瞻性。這並不是照搬西方的資本主義或共產主義，而是根據中國的現實情況，提出一套適合中華民族的民生理論。

孫中山先生的民生主義是一種充滿人性關懷的思想，是他對國家和人民的深切期望。他不僅希望中國強大，更希望中國的每一個人都能過上有尊嚴、有保障的生活。這就是他選擇「民生主義」這個與人民生活有關，而非西方學界所使用「社會主義」的原因。

今日我們瞭解孫中山先生的民生主義，就是要瞭解，他是的民生主義不只是討論社會問題，而是一個要爲人民創造幸福生活的主義。

55 資本好，但資本主義有問題

這一單元我們來談談孫中山先生對資本主義的批判。他提出的「民生主義」，正是為了預防西方資本主義可能帶來的弊端。他看到資本主義的缺陷，希望透過民生主義，避免這些問題在我們的社會中出現。

孫中山先生首先指出，民生問題為什麼會出現？他說：「民生問題，今天已成了全球的潮流，但它的根源並不久遠，不過是近百年的事。」這是因為，隨著歐洲工業革命的到來，機器取代了手工，工廠興起，都市擴展，工業迅速成為經濟的支配力量。然而，社會組織無法立即適應這種巨大的變化，許多工人失去了工作，陷入貧困之中，於是民生問題隨之而來。

孫中山先生解釋到，「生產的三大要素是土地、人工和資本。」資本本身並非罪惡，它是勞動所得、社會發展所必需的。中國當時是一個貧弱的國家，孫中山先生深知，國家急需資本的累積和取得。因此，他並不反對資本，相反地，他甚至歡迎資本。但他反對那些只顧自己利益、不顧社會福祉的資本家，以及這些資本家推崇的資本主義制度。

孫中山先生指出，工業革命後，資本家的專制現象開始出現。他說：「工業革命之後，機器替代了人力，生產力大幅提升，但這帶來的卻是富者愈富、貧者愈貧，資本家成爲了新的專制者。」在這種情況下，貧富差距日益擴大，資本家掌握了經濟資源，卻不願意爲社會的痛苦負責。

孫中山先生對資本家和資本主義的批判主要集中在三個方面：貧富不均、政治壟斷以及自由經濟理論的弊端。

孫中山先生的批判不是空談，他的「民生主義」是一種對資本主義的反思和調整。他希望我們在重視資本的同時，也要能能避免它的弊端，讓經濟的發展同時能夠兼顧繁榮與公平。

56 貧富差距為什麼愈來愈大？

這一單元我們要談的是孫中山先生對資本主義社會中「貧富不均」現象的批判。他一生都在爲人民的幸福奮鬥，對於社會的不公平現象，他既深感不滿，也致力於尋找解決的方案。他認爲，資本主義最大的弊端之一，就是貧富不均。

孫中山先生說：「歐美經濟的問題在於不均。」爲什麼不均？他指出，這主要源於兩個原因：一是自由競爭，二是資源分配不當。工業革命帶來了機器的發展，大大增加了生產力，土地和資本掌握在少數人手中，這些人得以暴富，而那些沒有土地和資本的人，卻面臨生計艱難的困境。這就造成了「富者愈富，貧者愈貧」的現象，於是，貧富之間的鴻溝愈來愈大，社會的穩定也隨之受到挑戰。

孫中山先生進一步指出，機器的出現讓資本家迅速發財。「有機器的人愈來愈富，沒有機器的人卻愈來愈窮。」在這個過程中，大資本家開始吞併小資本家，最後形成了富人和窮人兩個截然不同的階級。富人擁有萬貫家財，而窮人卻連基本的生計都難以維持。孫中山先生感慨道：「富人的財產累積到幾萬萬，而窮人卻連麵包都難得一片。」這種不均的社會怎麼可能持久？

更讓孫中山先生不滿的是，這些巨富們依靠「土地和資本的優勢」成爲巨頭，甚至利用大量失業的工人，用低廉的工資來榨取他們的血汗。孫中山先生看見工人們被壓迫的情形，爲他們深感不平。他說：「世界上所有的產物，都是工人們的血汗換來的。工人不只是資本家致富的功臣，更是人類社會的功臣。然而，他們卻被資本家殘酷壓迫，這怎麼能讓人不感到憤慨呢？」

孫中山堅信，工人們有權利爭取應得的報酬，這是理所當然的。他認爲，經濟發展的目標應該是「多數人的富」，而不是「少數人的富」。如果只有少數人富有，這種富裕是虛假的；只有讓大多數人都過上好日子，才是眞正的富裕。他說，這就是三民主義的核心理念，這才是讓國家永遠富強的根本之道。

孫中山先生的話語至今仍然振聾發聵。他對資本主義的批判並不是要打倒資本，而是要讓資源的分配更加公平，讓每一個人都能享有發展的成果。

57 資本家為什麼容易壟斷政治？

這一單元我們來談一個讓孫中山先生痛心的話題，那就是「資本家壟斷政治」。孫中山先生認爲，當富人掌控了過多的資本，他們不僅在經濟上操縱著社會，還進一步滲透到政治領域，成爲了眞正的幕後操控者，形成所謂「富人無所不爲」，他們擁有的巨大財富，讓他們能夠輕易操縱國內一切大事。

孫中山先生指出，這些富人利用財富來收買議員，制定出有利於自己的法律，讓政治成爲他們的工具。孫中山先生舉當時美國的情況爲例，他提到：「總統的薪水不過十萬，而資本家的法律顧問卻能拿到三十萬。」這樣的收入差距，足以顯示出資本家對政府的影響力。議員往往被資本家收買，國家的法律與政策成了富人利益的保護傘，窮人則被推向了更加困苦的深淵。

在這樣的情況下，國家的政權雖然表面上掌握在人民手中，但實際上卻被少數富人所壟斷。社會因此分裂成兩個極端：一方是極富的少數資本家，另一方是極苦的多數窮人，「窮人因爲沒有生活，便不得不去做富人的牛馬奴隸。」富人利用資本的力量來壓制窮人，而窮人也因此而掙扎、反抗，這樣的對立導致了社會的不安和動蕩。

孫中山先生特別強調，英、美等先進國家看似民主、文明，但資本家壟斷政治的情況依然存在，貧富階級的差距愈來愈大。窮人承受著巨大的痛苦，爲了爭取公平，他們不惜走上革命的道路。孫中山先生警告道：「那種窮人反抗富人的舉動，便叫做社會革命。社會革命的慘痛比政治革命流血更多。」社會革命的源頭，正是社會中不公平的貧富差距。

爲此，孫中山先生提出了三民主義，強調只有解決民族、民權和民生三大問題，才能徹底解決社會的根本矛盾，讓人民過上眞正幸福的生活。他的話語直到今天依然振聾發聵！

孫中山先生對於社會問題的看法很有前瞻性。一直到二十一世紀的今天，這種「爲資產階級所專有的民權制度」還沒有完全消失，大多資產階級仍然取得政治上的主宰地位。例如：美國的選舉需要大量經費，不是一般普通社會賢達可以玩得起，總統候選人幾乎非富即貴，還需要大量的捐款，利益團體操控政治的能力因而不斷上升。正如美國諾貝爾經濟學獎得主史迪格里茲所感嘆的：「美國的民主已經從林肯的『民有、民治、民享』變成了『百分之一的人民所擁有、所治理、所享有』。」這不就是孫中山先生當年對資本家壟斷政治的警告嗎？

孫中山先生的思想告訴我們，資本主義帶來的是貧富不均與政治壟斷，若不從根本上改革，若不讓政治眞正服務於全民，社會就無法安定。我們要記住他的警示，爲實現眞正的公平與正義而奮鬥，讓政治回歸爲人民服務的初衷！

58 自由經濟理論帶來社會問題

這一單元讓我們來談談孫中山先生對自由經濟理論的深刻批判。自由經濟，顧名思義，就是讓市場放任運行，讓資本自由競爭。然而，這種經濟學的理論，孫中山認爲並非毫無缺陷，甚至帶來了嚴重的社會問題。

亞當．斯密的《國富論》曾經風靡一時，強調自由競爭，認爲每個人只要努力，就能在市場中找到屬於自己的一席之地。然而，孫中山先生指出，隨著工業革命的到來，這一套自由競爭的理論帶來的，不是人人致富，而是貧富差距的加劇。機器的出現讓資本家壟斷了利潤，工人即便終身勤勞，也無法逃脫貧窮的命運，這就是孫中山先生所說的「萬無工人可致富之理」。

他將這種情況與達爾文的進化論相提並論，認爲自由競爭的「優勝劣敗」理論，助長了資本家對工人的壓榨。工人爲了求生，不得不接受低廉的工資，而資本家則坐享其成，冷漠地看著工人受苦，卻視之爲「天演淘汰」的自然法則。這樣的經濟體系，讓強者愈強，弱者愈弱，正如他所言：「富者愈富，貧者愈貧。」

孫中山先生還指出了這種經濟體系中的不公平分配問題。地主、資本家坐享生產利潤的三分之二，而工人卻只能分得其中的一小部分，這如何能夠讓社會和諧？他強烈主張，應該讓工人得到更多的生產剩餘，讓每個人都能共享社會發展的成果。這樣的分配方式，才是眞正公平的。

在這樣的背景下，孫中山先生看到了自由經濟理論的危害。他批判這種理論使得財富集中，促使社會走向不公，甚至預言，隨著人口增加和資源有限，會引發更多的社會問題，甚至戰爭。他認爲，這樣的經濟制度只會加劇國家之間的掠奪，弱肉強食的悲劇在所難免。

孫中山先生的這些話語告訴我們，經濟制度不是純粹的理論，而是與每個人的生活息息相關。我們必須反思，是否要讓自由經濟成爲社會的主旋律？是否應該爲所有人爭取更多的社會公平？孫中山的批判讓我們更加深刻地理解到，經濟制度的設計，必須以人民的福祉爲根本，而不是僅僅爲了少數人的利益。

59 階級鬥爭和無產階級專政並不適合中國

這一單元讓我們來聊聊孫中山先生對共產主義的看法。孫中山和馬克思有著共同的目標，那就是打破資本主義帶來的不平等，爲人民謀福祉。然而，孫中山認爲，馬克思主義的那一套「階級鬥爭」和「無產階級專政」，並不適合中國的情況。孫中山先生的思想不是照搬英、美或蘇俄，而是根據中國的實際情況，追求一條適合中國的現代化道路。

孫中山先生早在一九二三年時，便和蘇俄的代表越飛發表了聯合宣言。他當時即清楚表示，蘇俄的共產主義組織和蘇維埃制度，不適合中國。爲什麼？因爲中國當時的經濟基礎薄弱，工業並不發達，根本沒有像西方那樣的資本壓迫階級。所以，馬克思的「階級鬥爭」理論，根本不適用於當時的中國。

孫中山先生認爲，中國的首要任務是發展實業，提高全體人民的生活水準。他強調：「我們要先防止未來的貧富不均，而不是一開始就去挑起階級衝突。」這種未雨綢繆的思維，體現了孫中山對中國問題的深刻認識。他說：「我們不是先穿上厚重的冬衣，然後等著寒冬到來；而是要提前預防寒冬，讓人民能安居樂業。」

他更進一步批判蘇俄的經濟政策，認爲蘇俄雖然自稱共產主義，卻採用了「國家資本主義」，允許私人資本存在，並不像眞正的共產主義。馬克思的學說在歐洲引發了許多爭論，反而讓人們質疑其適用性。

孫中山先生還提出了一個深刻的見解，他認爲中國的社會革命不應該是「暴力的、大破壞式的」，而是要通過「民生主義」來達到社會平等的目標。

他說：「革命的事情，是萬不得已才用，不可頻頻傷國民的元氣。」這種穩健改變的理念，讓人看到他希望中國不經歷西方那種激烈的階級鬥爭，而是通過合理的改革來達成社會進步。

所以，孫中山的民生主義，不僅是解決貧富不均的良方，更是希望中國能走上一條「不需用武力」的社會改革之路。這種理念，既是對馬克思主義的批判，也是他對中國未來的深切關懷。他希望在中國能建立一個公平、和諧的社會，而不是陷入不斷的衝突和破壞。

孫中山先生的思想告訴我們，改革必須適應自己的國情，不可盲目效仿。孫中山先生表示，馬克思是一個「病理學家」，對於社會問題的觀察很深入，但是馬克思不是個「生理學家」，因爲他解決問題的方法並不適當。這正是孫中山先生了不起的地方，他看出了資本主義所帶來的危害，但他卻不會否定資本對國家發展的重要，而希望透過防患於未然的方式，讓國家在社會穩定的情形下，行穩致遠地走上國家富強、人民幸福的大道。

60 唯物史觀並不周全

這一單元我們來談談孫中山對馬克思唯物史觀的看法。馬克思的唯物史觀強調「物質決定一切」，認爲歷史是由經濟力量驅動的。這種理論簡單地說，就是「物質變動，世界跟著變動」，人類的行爲和文明都只是隨著物質條件的改變而變化的。

然而，孫中山先生並不完全認同這種想法，他認爲唯物史觀存在兩個主要偏見。

首先，唯物史觀「忽略了人的地位和價值」。馬克思認爲生產方式的變化導致經濟結構的變化，進而影響社會、政治、法律等所有方面。在馬克思的思想中，物質才是驅動一切的力量。

孫中山先生卻認爲這種想法太機械、太僵化了。他指出，人類爲了生存，爲了改善生活，才去改進生產方式，並不是單純因爲「物質變動」。對孫中山先生來說，人類的需求、生活的改善，才是眞正的原動力。我們人本身的努力和需求，才是改變世界的根本，而不是單純的物質條件！

其次，唯物史觀「誤認物質爲歷史的重心」。孫中山先生舉例說，美國有一位馬克思主義的學者也指出，馬克思的學說並不完全，社會進步的核心其實是「生存問題」，而這就是孫中山先生提出的「民生」。在他看來，政治、法律、思想、信仰等，都源於人類爲了更好的生存條件而努力，而非物質結構的單一變動。因此，孫中山先生認爲，歷史的核心不是物質，而是人類的生存和生活，這才是歷史演進的眞正原因。

孫中山先生的觀點讓我們看到了一個更「以人爲本」的世界觀。相比馬克思的唯物史觀，孫中山先生更相信人類的意志、生活需求和改善生活的動力，才是推動歷史前進的關鍵。

61 歷史前進的動力是鬥爭還是合作？

這一單元我們來談談孫中山先生對於階級鬥爭的看法。如果他不認為「階級鬥爭」是歷史社會進步的動力，那麼，什麼才是呢？

孫中山先生並不同意馬克思的階級鬥爭理論。他認為，馬克思主張歷史是階級之間不斷鬥爭的結果，比如奴隸和主人、地主和農奴、貴族和平民的對立，而這些對立推動了社會的進化。然而，孫中山卻覺得這個理論有些偏激。他認為，眞正推動人類進步的，不是「你死我活」的鬥爭，而是「互助」和「合作」。

孫中山先生指出，正是互助才是人類社會的根本原則，是我們得以從野獸中脫穎而出、組建社會的原因。這讓人類能夠超越「物競天擇」的動物本能，走向仁義道德的高境界。他說：「互助是社會進步的基石，而不是對立和鬥爭。」

此外，孫中山認為，階級鬥爭是一種「社會病態」，而不是進步的動力。當一個社會內部和諧時，往往是太平盛世；而當內部衝突加劇時，就會變成動亂。他強調，社會進步的動力其實源於人類求生存、求發展的自然需求，而不是因爲彼此之間的對抗與衝突。階級鬥爭只是一種病症，不應該被視爲進化的核心。

最後，孫中山先生對於階級鬥爭這種「製造病態」的做法抱有深深的質疑。這也讓他更傾向於採取民生主義，強調爲大多數人謀福利、實現經濟調和，以促進眞正的社會和諧，而非將人們置於對立和鬥爭之中。

經歷了多年的實踐與歷史教訓，後來許多人也認識到，單靠階級鬥爭並不能帶來眞正的進步，反而讓社會失去平衡。孫中山先生的觀點，讓我們重新思考：或許唯有在和平、互助與合作的基礎上，社會才會眞正進步。

62 孫中山如何看馬克思？

這一單元我們來談孫中山先生如何評價馬克思的思想。我們都知道，馬克思是近代最偉大的思想家之一，他從經濟學的角度解釋工人和資本家之間的關係，他的觀點爲後來諸多經濟思想與社會革命奠定了基礎。但是孫中山先生對馬克思的經濟理論並不苟同，尤其針對唯物史觀、階級鬥爭和剩餘價值三大理論。他認爲，馬克思的觀點過於片面，無法全面解釋社會的發展與進步。

首先，孫中山不贊同「物質決定歷史」的唯物史觀。他強調，歷史的重心在於「民生」，而非物質。對他來說，民生關注的是人類的生活需求，是社會穩定與進步的根基。

其次，他批評馬克思的階級鬥爭理論，認爲人類的進步源自於「互助與調和」，而非不斷地鬥爭。孫中山指出，社會的調和才能帶來眞正的進化，並非鬥爭引導歷史的前進。

最後，針對馬克思的剩餘價值理論，孫中山認爲，剩餘價值不應該歸工人獨享，而應該由社會共同分享，讓每個人都能受益於社會生產的成果。他指出，資本主義國家的進步與改良，正是因爲資本家與工人之間逐步調和，而不是依靠暴力革命來達成的。

不過，孫中山先生也看到資本主義國家在改良進化中的反動潮流，就是資本家想極力保護自己的特權。孫中山先生期望西方的資本家能夠用和平方式完成社會改良；希望資本家不要貪婪成性，更不要利用權力來建立於自己有利的政治制度，壓制窮人，否則馬克思所預言的「階級戰爭」也可能是無可避免之事。

總結來說，孫中山認爲馬克思是位「社會病理家」，擅長分析社會進化的毛病，但在解決方案上缺乏治本之道，因而不能算是一位「生理家」。孫中山先生認爲，唯有眞正關注人類生存需求、推動互助合作，才能建立和諧進步的社會。

馬克思是一位德國的社會思想家，孫中山先生則不只是一位受到中國傳統的道德思想的思想家，更是一位實際帶領革命的革命家，因此，他與馬克思的對於社會問題的見解與解決方法，自然會有不同的差異。這是我們在比較孫中山先生與馬克思時必須要注意到的地方。

63 經濟開發與防患不均要並重

這一單元我們來談談孫中山先生對中國民生問題的見解。

孫中山先生認為，當時的中國和西方國家在民生問題上有著本質的不同。歐美國家工業發展帶來了生產力的飛躍，但隨之而來的是嚴重的貧富不均問題。而中國，問題的根源在於整體貧窮和資源未被開發，這導致中國人民普遍處於貧困狀態。

為了解決這些問題，孫中山先生提出了兩個重要的解決方案。第一，他強調「經濟開發」，主張中國必須加速經濟建設，開發豐富的資源，讓國家富強起來。他制定了《實業計畫》，描繪了中國經濟振興的藍圖。這本計畫書設定了各種實業發展的方針，孫先生相信，當這些計畫得以實現，國民的生活水平就會顯著提升，民生問題自然會迎刃而解。

第二，孫中山先生提出了「預防不均」的策略。他觀察到中國當時工業剛剛起步，大資本家階級尚未出現，這正是中國的機會。他提出民生主義，主張通過制度防止未來貧富分化的加劇。孫先生提出兩大政策：「平均地權」和「節制資本」。他認為，土地的增值應該由全民共享，而不是讓少數人壟斷，這樣可以避免地主階級過度積累財富。至於節制資本，孫先生不是要消滅資本，而是要限制資本對普通百姓的剝削，防止資本集中，讓經濟發展的成果，能夠公平地分配給全體國民。

孫中山先生的這些思想，核心在於他希望所有中國人都能分享經濟發展的成果，實現共同的富裕。他提出的民生主義，不僅是解決當前貧困問題，更是防止未來貧富懸殊、實現長久公平的方案。

64 民生主義的五大特質

這一單元我們一起來認識孫中山先生的民生主義，一種追求國家繁榮、人民幸福的核心思想。孫中山先生畢生致力於中國的現代化，他的民生主義特質體現在五個重要方面，每一個都爲當今世界和我們的生活提供了深刻的啓示。

首先，孫中山先生提出追求生活幸福。他認爲，民生主義的終極目標，是讓全體人民都能過上安穩、幸福的生活。他主張，國家應該致力於提升人民的生活水平，讓財富合理分配、生活幸福普及於每一位國民。他指出，生活的意義在於不僅擁有財富，還要有共同的繁榮，這是社會進步的根本。

其次，孫中山先生強調以養民爲目的。他清楚地意識到，國家必須肩負起保障人民基本需求的責任。衣食住行，這是人類生活的四大需求，孫中山先生要求政府承擔起這份責任，讓人民不僅擁有安穩的生計，還能享受富足的生活。他說：「我們要讓所有人都享有基本生活的保障，這是國家的使命，也是民生主義的責任。」

第三，我們來談談孫中山先生提出的以均富爲原則。他深知，不均衡的財富分配會導致社會不安。不同於資本主義追求「富」，社會主義強調「均」，孫中山先生的「均富」是兩者的結合。他主張，要讓全體人民共享財富，避免貧富懸殊。孫中山先生說：「要讓中國像歐美國家一樣富足，但所得的富足不歸少數人，而是全體人民共享。」這是一種富而均的理想狀態。

第四，孫中山先生以和平爲方法。他反對暴力革命，提倡用和平的方式改良經濟。他認爲，解決民生問題，應當採用和平改良的方式，而非暴力手段。他舉例說，我國革命雖成功推翻舊制度，但並未徹底解決經濟問題。他強調，中國當時雖然貧窮，但並沒有極端的財富不均問題，因此可以用一種「思患預防」的辦法，通過和平途徑實現均富。

最後，孫中山先生嚮往大同社會的理想。他夢想建設一個人人平等、互助共榮的社會。他所說的「大同」，是一種天下爲公、社會正義的境界。在這樣的社會裏，每一位老人都得到照顧，所有的兒童都能上學，貧困的人也能得到社會的支援。孫中山先生主張，社會制度應該保障弱勢群體，無論殘疾人、老年人，還是貧困家庭，都應該受到社會的關懷和幫助。

孫中山先生的民生主義，不僅僅是理論，更是他對中國未來的美好構想。他希望用這套思想，來解決社會的根本問題，讓國家能夠強盛，讓人民能夠幸福。

65 為何稱「民生主義」的原因

這一單元我們一起來聊聊孫中山先生的「民生主義」，他當年爲什麼不用「社會主義」，而是選擇「民生主義」這個詞呢？這是孫先生出於對當時中國國情與世界潮流的深入理解。以下我將向大家介紹孫中山先生選擇民生主義的四個主要原因。

首先，孫中山先生認爲「社會主義」在當時有太多的解釋和流派，五花八門、各說各話，搞得很混亂。他想要的，是一個更簡單、直接的概念，讓大家一聽就明白，所以他用「民生主義」來替代，讓人一聽就能知道，這是關於老百姓生活的問題。

其次，孫中山先生還指出，歷史的發展不僅僅是由「物質」決定的，更重要的是「民生」，也就是老百姓的生活品質。他覺得只有把這個問題弄清楚，才有可能找到解決社會問題的辦法。所以他把「民生」看作歷史的中心，認爲如果我們能讓大家的生活好起來，社會也就穩定了。

第三個原因是中國的國情不同於西方，不能照搬西方的做法。西方的社會主義，特別是馬克思的階級鬥爭思想，強調無產階級對抗資本家，這在中國行不通。孫中山認爲，中國應該用和平的、預防性的方式來解決經濟問題，避免貧富差距愈拉愈大，這樣才能眞正改善百姓的生活。

最後，孫中山先生認爲民生主義的涵蓋範圍更廣。它不僅僅是解決貧富差距的問題，還包括如何合理地分配資源，確保大家都能享有基本的生活保障。他的目標是讓整個社會更公平，讓每個人都能生活得安心、有尊嚴。

總結來說，孫中山先生的民生主義就是要改善民生、平衡財富分配，讓國家繁榮，讓百姓富足。這不僅是他的理想，也是他對中國未來的美好期望。今天我們回頭看，這些想法依然非常有價值，提醒我們不論怎麼發展，都應該把人民的生活放在首位。

66 平均地權解決土地問題

這一單元我想和大家談談孫中山先生的「平均地權」思想。這是他在民生主義中非常重要的一部分，也是他認爲解決中國民生問題的核心措施之一。

孫中山先生看重土地問題，認爲「土地」和「資本」是中國民生問題的兩大根源。要防患這兩大問題，就是想辦法不要讓土地和資本被少數人所壟斷。

面對土地的不均分配，孫中山先生提出「平均地權」的構想。他說，隨著工業的發展和都市的形成，土地價值會逐漸上升。但這種價值的上漲並不是地主個人努力的結果，而是因爲社會的進步、工商業的發達。因此，這些因社會進步而增加的地價不應該歸個人所有，而應該成爲全體國民的財產。

平均地權到底是什麼呢？孫中山解釋道，這不意味著要剝奪地主的土地，而是將土地增值的部分收歸國有。舉個例子，如果一塊土地本來只值一萬元，但經過幾十年的發展，價值提升到一百萬元，那麼這九十九萬元的增值應該屬於全體國民，而不是少數人的私利。這樣一來，社會所創造的財富能夠眞正回歸到社會。

爲什麼他會這麼主張呢？因爲在孫中山先生看來，如果土地被少數人壟斷，不僅會讓資源集中在少數人手裏，還會阻礙公共建設，甚至讓普通百姓無法在都市中立足。而且土地價格的飛漲，往往伴隨著投機行爲，這樣的行爲只會加深社會不平等。

另外，孫中山先生還指出，平均地權不僅僅是爲了避免土地壟斷，它還能促進工業的發展。當那些大資本家無法再從囤積土地中牟利時，他們就會把資本投入工業和商業，這樣社會的生產力就能提升，經濟也能更健康地發展，最終實現對國家發展有利，又能給人民帶來福利的目標。

孫中山先生的平均地權思想，不僅是爲了實現社會公平，也是爲了促進經濟發展，讓更多的人共享社會進步的成果。他希望通過這樣的土地制度改革，能夠讓中國走向一個更加富強、公平的未來。這是他對「民生主義」的眞實詮釋，也是他對國家和人民的深切期許。希望我們能在他的思想指引下，繼續爲社會的公平與繁榮而努力。

67 落實平均地權，漲價歸公

這一單元我們一起來探討孫中山先生的平均地權思想。孫中山先生曾經指出，土地問題是關係到我們國家安定和人民福祉的根本問題。他提出的平均地權，並非要剝奪土地，而是要實現土地公平共享，使土地的利益眞正回歸於全民。孫中山先生提出了實現平均地權的具體辦法，分爲四個步驟，分別是自定地價、照價徵稅、照價收買和漲價歸公。

第一步，自定地價。孫中山先生主張，地價應該由地主自己來報。聽起來簡單，但這裏卻暗藏公平的智慧。地主既不能虛報過低，因爲政府會按價徵稅，也不能虛報過高，因爲政府有權按報價收買。這樣，地主就會根據實際的市價來報，從而減少土地炒作的空間，讓地價更貼近眞實。

第二步，照價徵稅。這裏所謂的地價，是針對土地的原始價值，不包括人工改良的部分。孫中山先生認爲，適當的稅率，像是「值百抽一」或「值百抽二」，具體則由民意機關來決定。這樣的徵稅政策，既不會過分加重地主的負擔，也能讓土地的價值更公平地回歸於社會。

第三步，照價收買。這一點極具前瞻性，政府可以按報價來收購土地，特別是在政府需要土地進行公共建設時，比如修建道路、學校等。這樣的安排，既保障了社會的需要，也讓土地所有者得到合理的補償。孫中山先生這樣做，就是爲了避免土地被少數人壟斷，讓土地更好地服務於全體國民。

第四步，漲價歸公。這是孫先生平均地權思想的最核心部分。當一塊土地隨著城市發展、基礎設施的改良而增值，這份增值應該歸於社會，而不是讓少數地主坐享其成。土地價值的上升，是整個社會的共同努力所帶來的結果。孫中山先生認爲，這樣的漲價，應該由全體人民共享，而非落入少數人之手。

總結來說，孫中山先生的平均地權思想，不是簡單地分土地，而是通過這四個步驟——自定地價、照價徵稅、照價收買、漲價歸公，讓土地的增值造福社會。這樣的政策，既能促進土地資源的合理利用，又能減少社會的貧富懸殊，讓每個人都能享受到國家發展的成果。

中國歷史上的革命多與土地有關，而一個國家會否造成貧富不均，土地也絕對是一個重要的因素。孫中山先生有關平均地權的主張，的確是不簡單，特別「漲價歸公」這個核心理念，是讓土地的價值重新再歸於廣大人民的好方法，值得我們認眞地落實。

68 耕者有其田，保障農民權益

這一單元我要和大家談談孫中山先生關於「耕者有其田」的主張。耕者有其田與平均地權，都是爲了解決土地問題的方法，只是耕者有其田針對的目標是爲了照顧農民。

孫中山先生觀察到，在中國這片土地上，農民是最辛苦的一群人。中國傳統社會把人分成士、農、工、商四種，而在這四類人裏，農民的工作最爲艱辛，得到的利益卻最少，承擔的責任卻最重。辛辛苦苦耕作一年，卻要把大部分的收成交給地主和商人。地主收高額的租金，商人壓低收購價格，農民所得的，少得可憐。

那麼農民痛苦的根源在哪裏？孫中山認爲，一方面是由於地主的剝削，另一方面則是因爲商人利用市場操縱價格。農民的收成，在勞動付出和實際收益之間形成了極大的落差。這樣的情形，使得農民無法享受勞動的成果，生活困苦不堪。因此，孫中山提出了「耕者有其田」的理念。

什麼是「耕者有其田」呢？簡單來說，就是讓辛苦耕種土地的農民擁有自己所耕作的土地，讓他們能夠享受自己勞動的成果。孫中山先生認爲，當農民能夠擁有土地，他們會更加熱愛土地，耕作的積極性也會提高，農業生產力自然就會提升。而不再是像現在這樣，多數的收成都歸地主所有，農民只分得少數部分，甚至連生計都難以維持。

爲了實現「耕者有其田」，孫中山先生提出了四個具體的辦法：

第一，限田。限制地主擁有的土地面積，防止少數人壟斷大量的土地資源。這樣可以避免土地集中在少數人手中，讓更多的農民有機會獲得土地。

第二，授田。由國家出面，將土地分配給農民，讓眞正勞動的人成爲土地的主人。這樣農民可以安心耕作，改善生活。

第三，貸田。在新開發的地區，國家購買土地後，再長期租給農民耕作。這樣農民可以不用一次性支付大筆資金，卻能長期擁有耕作權。

第四，保障農民權益。這一點尤其重要，就是要由國家制定法律，來保護農民的基本權益，並改善農民的生活條件，逐步培養農民購買土地的能力。

這四個辦法，是孫中山先生深思熟慮後提出的。他希望，通過這些措施，讓農民能夠眞正享受自己的勞動成果，擁有穩定的生活來源，擺脫貧困的境地。

「耕者有其田」，不是一個空想，而是一個充滿實際意義的政策。它體現了孫中山先生對農民的關愛，對社會公平的追求，對農業發展的願景。這樣的理念，今天依然具有深遠的啓發意義。我們應該重視基層，關心農民，推動社會進步，實現眞正的公平與正義。

69 國家面對資本的三個策略

這一單元我們要來探討孫中山先生對於「資本問題」的深刻見解。

孫中山先生一直十分關心中國的經濟發展，他深知中國必須從農業社會走向現代化，而實現這一點，必須依賴工業的發展。然而工業發展離不開資本的支持，這是現代化進程中的必然需求。孫中山先生不僅看到了資本的重要性，也非常清楚其中可能潛藏的危機，這就是私人資本的過度壟斷。

在觀察西方工業革命帶來的社會變遷後，孫中山先生看到了資本家專制的弊病。他指出，資本家爲了個人利益，往往無視社會責任，導致了巨大的貧富差距，甚至形成資本家的專制。對此，孫中山先生表達了強烈的反對，但他同時明白，中國要走上現代化，必須要有資本的力量。

因此，他提出了三個關鍵的策略：節制私人資本、發展國家資本，以及合理利用外資。讓我們逐一來看這些重要的主張。

首先，孫先生主張節制私人資本。他認爲，資本的力量不能完全掌握在少數人手中，尤其是那些只顧自己利益、不顧社會大衆福祉的資本家手中，必須受到制約。私人資本的壟斷會對社會公平產生負面影響，孫中山先生看得非常清楚。

其次，孫中山先生強調了發達國家資本的重要性。他希望國家能夠逐步累積資本，並運用這些資本來推動國家的經濟建設。他認爲，國家資本的發展不僅可以推動實業進步，還能避免經濟命脈落入少數私人資本手中，從而保障社會的公平性。

第三，孫中山先生也提到合理利用外資。在當時的中國，資本相對匱乏，若能適度引入外資，可以加速實業發展的步伐。然而他強調「適度」兩字，外資應該是服務於國家利益的，必須謹愼引入並加以監管，以免中國在經濟上過度依賴外國而喪失主權。

孫中山先生的資本觀念，是基於現實、面向未來的。他不是一味地排斥資本，而是希望資本的運作可以符合國家和社會的整體利益。他的這些主張在今天看來，依然具有指導意義。

孫中山先生說：「實業主義爲中國所必需。」他所期望的，是一個能夠保障民生福祉的經濟體系，一個能讓資本發揮正面作用，而不被少數人壟斷的經濟秩序。今天，讓我們一起從他的智慧中汲取養分，爲國家的經濟發展和社會公平，繼續努力！

70 不患寡而患不均，節制私人資本

這一單元我們來探討孫中山先生所提出的「節制私人資本」的理念和措施。孫中山先生對於資本的態度不是一味地排斥，而是希望通過合理的限制，確保經濟發展的同時，能夠實現社會的公平，避免財富過度集中於少數人手中。

首先，我們來談談什麼是「節制」。所謂「節制」，不只是消極地防止資本家壟斷經濟利益，更包含積極地促進財富的平均分配，讓全體國民都能享受到文明帶來的福祉。孫中山先生認為，文明的進步帶來了大量生產和社會財富，但歐美國家卻因為資本壟斷，導致貧富差距拉大，富人享盡利益，窮人卻承受痛苦。中國應該借鑒這一教訓，從一開始就進行有效的調節。

孫中山先生提出了四種節制私人資本的方法：

第一，限制私人企業經營的範圍。凡是具有壟斷性或規模過大的企業，都應該由國家來經營管理，這樣可以防止私人企業掌控國民的基本生計。孫中山先生強調，只有當企業不對人民的生活構成威脅時，才可以讓私人經營；否則，應當由國家掌控，避免少數人壟斷資源。

第二，進行社會和工業的改良。這包括改善工人的教育、提升工作環境、制定工廠法、規定工作時間和最低工資，還有勞工保險和工會保護等。孫中山先生希望透過這些措施來保護勞工，使資本家不能一味地剝削勞動者。這些措施展現了孫先生的博愛精神，關心弱勢群體的權益。

第三，直接徵稅。孫先生主張對資本家徵收累進稅，特別是所得稅和遺產稅，這樣可以使國家的財源主要來自資本家，而不是一般民衆。他指出，過去的稅收主要來自貧民，資本家幾乎不盡義務，這是非常不公平的。因此，通過直接徵稅，可以實現更公平的資源分配。

最後，實行分配的社會化。孫中山先生認爲，解決民生問題不僅要重視生產，也要關注分配的公平。他舉例說明了歐美國家的一些做法，比如消費合作社和市政府提供的水電等公共資源，這些都是由政府或社會組織來分配資源，從而減少中間商的剝削，讓消費者直接受益。

孫中山先生的思想深深植根於中國傳統的「不患寡而患不均」的觀念。他不僅重視社會的富裕，還重視財富的公平分配。他的節制私人資本的主張，不僅是爲了防止少數人掌握經濟命脈，更是希望通過制度上的創新，讓全體人民共享發展成果。孫中山先生的這些理念在今天看來，依然具有深遠的啓示，在經濟發展的同時，不忘社會的公平和正義。

71 發達國家資本，國營企業與私人企業並存

這一單元我想和大家探討一下孫中山先生提出的「發達國家資本」概念。這個構想，是孫中山先生在思考如何解決中國的民生問題時，所提出的一個核心主張。對他而言，發達國家資本並不是要排斥私人資本的發展，而是要在國家主導下進行經濟建設，推動工業化，增加社會財富，並且改善人民的生活。

那麼，什麼是發達國家資本呢？其實這個概念的重點，在於利用國家的力量來推動產業發展，特別是在交通、礦業和工業等基礎產業方面，這些產業具備壟斷性、資本密集的特點。孫中山先生認爲，要解決中國的民生問題，必須首先發展資本、振興實業，只有通過工業化，才能帶動整個國家的富裕。這些基礎產業需要巨大的資金投入，單靠私人資本是難以支撐的，因此孫中山先生主張由國家來經營這些產業，以實現更廣泛的經濟效益。

孫中山先生提出發達國家資本的目的，主要有兩個。第一，是推動工業化，讓國家變得更爲富強；第二，是避免財富過度集中在少數人手中，防止資本家壟斷經濟資源。透過國家

掌控的社會化進程，我們可以實現財富的合理分配，讓更多的人民共享工業化的成果。

在具體的實施方式上，孫中山先生也提出了明確的規劃。他在《建國方略》和《實業計畫》中詳細說明了這些措施，包括發展交通事業、開發礦產資源，以及推動工業建設。他認爲，這些產業應該由國家來管理經營，這樣才能有效地避免私人壟斷，確保社會財富能夠公平地分配給每個人。

值得一提的是，孫中山先生的民生主義並不是全面公有制，而是倡導民營和國營並行發展。他認爲，國家應該鼓勵民營企業參與到經濟活動中，並且通過改善投資環境來支持它們的發展。然而，對於那些天然資源豐富與壟斷性的產業，比如煤炭、鐵路、銀行等，孫中山先生主張應該歸國家所有，並將這些產業的收益用於公共事業，讓全體國民都能夠受益。

總結來說，孫中山先生希望通過發達國家資本，來實現國家富裕與經濟的均衡發展，讓經濟不僅僅是快速發展，更要讓發展的成果能夠惠及所有人。這一理念即使在今天，仍然具有很大的啓發意義。我們應該從中汲取智慧，探索更加平衡的經濟發展模式。

72 妥善利用外國資本，主權操之在我

這一單元我們來談談孫中山先生提出的「利用外國資本」的原則。在中國發展的早期，資金和技術的短缺是巨大的挑戰。孫中山先生深刻地認識到外資的作用，但他也非常清醒地知道，引進外資必須謹慎有序。讓我們一起看看他提出的四條原則：

第一條原則是主權必須操之在我。孫先生明確指出，歡迎外資，但不能無條件地讓外資進入，否則我們的經濟發展主導權就會落入外人之手。他說：「發展之權，操之在我則存，操之在人則亡。」這句話提醒我們，即便是在資金短缺的情況下，也要牢牢掌握主權，不能讓外資來主導我們的經濟命脈。我們可以利用外資，但必須確保自己始終站在主導地位。

第二條原則是資金必須用於生利事業。孫中山先生認爲，外資應該投入到可以帶來收益的產業中，這樣才能促進經濟的良性發展。他還強調，利用外國技術和人才的同時，也要培養本國的技術力量，增強我們的自立能力，不能一味地依賴外國。這樣才能夠眞正實現自立自強。

第三條原則是反對外資壓迫本國資本。在這方面，孫中山先生舉了個例子，他提到外國紡織業的資本進入中國市場，對本土的紡織業造成了巨大壓力。他指出，如果外資在經濟競爭中，利用政治影響力作爲後盾，本國的企業將無法與之抗衡。因此，我們在引進外資的時候，必須確保本國企業的發展空間，避免本土產業被外資壓垮。

第四條原則是私人資本不可操縱國民生計。孫中山先生強調，資本的力量必須受到約束，不論是本國資本還是外國資本。他擔心的是，如果讓外資或私人資本過度集中，國民的生計將被少數資本家掌控，最終只會造成嚴重的貧富差距，讓富人愈富、窮人愈窮。因此，國家必須加強引導，防止資本家壟斷資源、控制國民的生活。

孫中山先生的這四條原則，不僅是對當時中國經濟發展的深刻洞見，也對我們今天仍具有重要的啓發。他提醒我們，外資可以引進，但主權必須掌握；發展可以借助他人，但自立才是根本。希望我們都能從中汲取智慧，在經濟發展中平衡好開放與自主的關係。

73《實業計畫》一書內容是什麼？

這一單元我們來談談孫中山先生的《實業計畫》。孫中山先生認爲，中國要脫貧致富、實現經濟振興，最關鍵的就是發展實業。爲了實現這一目標，他構思了一個宏大的經濟發展方案，即《實業計畫》，這份計畫展示了他對中國未來的遠見和實業救國的理念。

首先，孫中山先生的《實業計畫》建立在一個核心理念之上，那就是他在早期上書李鴻章時就曾經說過的「人能盡其才、地能盡其利、物能盡其用、貨能暢其流」。這句話表明，他希望中國的每個人、每塊土地、每樣物品都能發揮出最大的價值，這樣，國家自然可以強大起來。他指出，中國不能只追求武器的先進和軍隊的強大，而更應該發展經濟，以此爲國力奠基。

孫中山先生撰寫的《實業計畫》就是發展經濟的具體方法，主張利用外才外資，來共同開發中國豐富的資源、振興實業、發展生產、增加國富，從而讓全民受益。這本書最初以英文發表，書名是*The International Development of China*，意思就是「國際共同開發中國」，也被稱為「物質建設」。孫中山先生希望通過這樣的發展藍圖，使中國經濟能夠迅速騰飛。

孫中山的《實業計畫》，利用外資的原則有二：一是主權必須操之在我，二是必須用於生利事業。利用外才則以訓練本國人才，使能自立自強為原則。

《實業計畫》的要項，有四大內容，分別是民生與國防合一、四大原則、十大目標和六大計畫。

在「民生與國防合一」方面，除了要做好經濟建設，還要顧及國防需求。孫中山先生認為，經濟建設要以人民的生活需求為主，讓國家財富為大家所享，這樣的經濟建設才會兼顧到國防。

為了實現這些目標，他提出了「四大原則」，即要選擇對外資最有利的方式、滿足國民最迫切的需求、盡量減少抵抗以及選擇地理位置適宜的地點。他認為，這些原則可以指導我們高效地開展基礎建設，讓每一分資金都發揮最大效益。

孫中山先生的《實業計畫》還包括十大目標，涵蓋了交通開發、商港開闢、礦業發展和農業推廣等多個方面。他希望通過這十大目標，全面提升中國的基礎建設，並將資源更好地運用到經濟發展中。

此外，計畫還設置了六大具體的開發步驟，分別是針對以北方大港為中心，開發北部資源；以東方大港爲中心，整治長江，開發中部資源；以南方大港爲中心，開發南方資源；建造中央、東南、東北、西南、西北、高原等鐵路系統建設；民生工業的發展；以及礦產資源的開採等。

這些計畫細緻地考慮到不同區域的經濟特點和資源優勢，是一個兼具宏觀和微觀視角的藍圖。

孫中山先生的實業計畫不僅僅是一個經濟發展藍圖，更是他對國家振興的深切期盼。透過這個計畫，他希望中國可以在自立自強的基礎上，利用外資和技術，完成經濟的跨越式發展。這一願景提醒我們，在發展的過程中既要借助外力，也要掌握自主權，眞正做到富國利民。

74 精神與物質不可分的「心物合一」

這一單元我們來探討孫中山先生的「心物合一」哲學思想。這是他整體思想中非常重要的一環。雖然孫中山先生一生致力於革命事業，沒有時間專門撰寫哲學書籍，但他的革命理念和實踐，卻深深根植於他對宇宙、社會和人生的理解中。

孫中山先生曾經說過：「革命軍的基礎在於高深的學問。」這裏的「高深學問」，指的正是涉及到哲學層面的思考。孫中山先生的哲學思想，有兩大核心，一是民生哲學，包括「心物合一」、「民生史觀」和「宇宙進化論」；二是實踐哲學，即「知難行易」。今天，我們來談談他的「心物合一」思想。

什麼是「心物合一」呢？在傳統的哲學中，精神和物質經常被視爲對立的兩部分。西方哲學尤其如此，形成了「唯心論」和「唯物論」兩大流派。這兩種觀點各自強調不同的側面，但往往有失偏頗。孫中山先生不偏向任何一方，他提出了「心物合一」的觀點，認爲精神和物質是不可分割的，是一個整體。

孫中山先生認爲，宇宙的一切現象，可以分爲物質和精神兩部分。雖然這兩者看似對立，但它們實際上是互相依存、密不可分的。他用人體作爲比喻：我們的身體，也就是物質，是一個載體；而思想、行爲，也就是精神，是這個載體的動力。兩者互相依存，不可分割。如果一個人失去了精神，身體便無法活動，最終成爲死物。因此，眞正完整的生命狀態，是「心物合一」的狀態，物質和精神共同發揮作用，讓人活得更加充實和有意義。

這一觀點，對孫中山先生的三民主義中的民生主義思想有著深遠影響。孫先生強調，只有在「心物合一」的框架下，我們才能眞正理解宇宙和人生的眞諦。這種思想不僅指導了他對宇宙的看法，也讓他更加重視在革命和建設中，不僅僅考慮物質層面的發展，還要提升人民的精神層面。正是這種全面的理念，成爲他推動革命和社會改造的重要思想基礎。

孫中山先生的「心物合一」思想不僅是哲學的探討，更是對如何建立全面、均衡社會的一種思考。他提醒我們，在現代化和發展的過程中，不要忽略了人的精神需求，不要讓物質的追求掩蓋了我們的本心。這是他留給我們的寶貴智慧。

75 以民生為歷史重心的「民生史觀」

這一單元我們來談談孫中山先生的「民生史觀」哲學思想，這是他對歷史進化和社會發展的深刻見解。

孫中山先生的「民生史觀」，簡單來說，就是把人類「求生存」的努力，視爲社會和歷史發展的核心。他認爲，歷史的進步來源於人類對生存的追求，而這種追求就是我們所說的「民生問題」。所以民生問題不僅是我們社會進步的動力，也應該是歷史發展的重心。孫先生告訴我們，人類的每一步進步，背後都是爲了更好地生存，爲了能夠保障基本的生活需求。

在探討歷史的進化條件時，孫中山先生指出，人類要生存下去，必須解決兩個基本問題：一個是「保」，也就是自衛，這代表了政治上的安定；另一個是「養」，也就是覓食，這涉及到經濟上的發展。所以政治和經濟，是歷史進化的兩個重要條件。

孫中山先生還把人類的歷史分爲三個階段：「人同獸爭」、「人同天爭」、「人同人爭」。這三個階段反映了人類在生存進化中所面對的不同挑戰——從最早的對抗野獸，到後來對抗自然，再到現在人與人之間的競爭。但即使經歷了這些不同的時期，孫中山先生依然認爲，互助才是人類進步的眞正原動力，而不是鬥爭。

在史觀上，孫中山先生不認同西方的唯物史觀和唯心史觀，因爲他認爲這兩種觀點都過於片面，沒有眞正涵蓋人類歷史的全貌。唯物史觀過度強調物質，唯心史觀則偏重精神，而孫中山認爲，歷史的眞實意義在於物質與精神的平衡，二者缺一不可。這正是他的「民生史觀」的核心：用「民生」來綜合精神和物質，以全面理解人類歷史和人生的眞諦。

孫中山先生的這種「民生史觀」提醒我們，發展社會和推動進步，不僅要重視物質的充實，也要顧及精神的提升。這是他留給我們的寶貴思想財富，值得我們在未來的建設中深思和運用。

76「人類進化」與「物種進化」不同

這一單元我們來探討孫中山先生的「宇宙進化論」哲學思想，這是一種結合了傳統道德與現代科學的獨特見解。

一八五九年達爾文發表《物種起源》一書，提出了生物界的「物競天擇」學說。但是這個學說，後來卻變成合理化列強對外侵略和對內壓迫少數民族的學說，稱之為「社會達爾文主義」。生物學上的達爾文學說本身是一種客觀的、科學的理論，但是「社會達爾文主義」則是一種受民族偏見影響的意識形態，兩者並不相同。社會達爾文主義為偏狹的民族主義者提供了偏頗的理論基礎，被用來解釋西方帝國主義的擴張有理，認為強國侵略弱國是自然法則。

孫中山先生生活在達爾文進化論風行的時代。但孫中山先生卻不贊同這種「社會達爾文主義」，不認為「適者生存，不適者淘汰」的「優勝劣敗」學說，可以拿來做為人類進的化法則。孫中山先生認為，人類的進化不應該僅僅以競爭為基礎，而應以「互助合作」為核心。

孫中山把進化的過程分成三個時期：物質進化、物種進化和人類進化。第一階段，物質進化，世界上只有無生命的物質。第二階段，物種進化，出現了生物，競爭與自然淘汰是這個階段的特徵。但孫中山提出了第三階段——人類進化，他認爲這個階段應該以「互助」爲原則，而不是「競爭」。在他看來，社會和國家是互助的體現，道德和仁義則是互助的核心，人類如果遵循這個原則，才能夠繁榮昌盛。

孫中山對西方帝國主義將「物種進化」應用到「人類進化」的做法深感不滿。他批評帝國主義利用進化論來侵略、壓迫弱小國家，這種做法完全違背了人類應有的道德和文明。在他看來，這種強權的做法並不是文明進步，反而是原始的野蠻行爲。

孫中山先生認爲，「人類進化」應該是「道德文明的進化」，而不是「物種天演」的殘酷競爭。他指出，人類應該追求像孔子所說的「大道之行，天下爲公」的理想，或者像耶穌所說的「在地如在天」的世界，讓人間變得如天堂般美好。

孫中山先生的「宇宙進化論」並不是要否定進化論，而是補充和提升達爾文的「物種進化」論。他強調，人類應該通過道德提升和互助合作，來追求和平與世界大同的理想，讓進化論不再只是「強權就是公理」的理論，而是邁向文明進步的指引。

77 知難行易 不空談、要實踐

這一單元我們來談談孫中山先生的「知難行易」實踐哲學。

孫中山先生提出「知難行易」，最重要的目的就是鼓勵人們去實踐，不要光說不做。他認爲行動並不難，眞正難的是深入地認知和瞭解事情的道理。他在一九一八年寫的《孫文學說》中，明確提出了這個觀點，甚至被當時的出版界評爲「救國的良方」。

孫中山說明了「知難行易」的道理，他舉了十個例子，包括飲食、用錢、作文、建屋等，來說明知識的獲得其實並不簡單，而行動反而更容易。比如，人們吃飯、蓋房子這些日常行爲，做起來不難，但如果深入瞭解其原理、科學知識，反而不容易。孫中山用這些生活中的例子告訴我們，只要行動，才能更深入地認識事物的本質。

在歷史上，孫中山先生把人類的進化過程分爲「不知而行、行而後知、知而後行」三個時期：最早是不知而行的階段，接著是行動後才逐漸知曉，最後是知曉後才行動。他指出，人類在草創階段，不懂也能行，憑藉模仿和經驗求生存。隨著文明的進步，我們漸漸從行動中獲得知識，並進入現代科學時代，開始以「知」爲先，並以知識指導行動，效率更高。

孫中山也指出，像歐洲和日本的快速發展，就是因爲掌握了科學的知識。他認爲，現代社會的知識，尤其是科學知識，對於一個國家的進步至關重要。我們只有在掌握了科學的知識後，才能在行動上獲得更好的效果，事半功倍。

他強調「知難行易」，不僅僅是爲了國人提高實踐的信心，更是爲了讓人們知道，革命成功的前提在於深刻理解和認識三民主義的理念。理解它是難的，但當你眞正理解了，行動反而會變得相對簡單。這就是孫中山先生的「革命哲學」。

最後，孫中山先生以自己多次革命失敗而不放棄的經歷，證明了「有志竟成」的精神。他希望藉由「知難行易」的思想，激勵國人勇敢行動，推動社會的進步與改變。希望這段分享，能讓大家在面對困難時，不畏懼行動，而是勇於實踐。

78 國人要有知識與道德

這一單元我們來談談孫中山先生對於國人知識與道德的期許。

孫中山先生認爲，要成就大事，首先需要具備學問和知識。他指出：「學問是立國的根本。」沒有知識，任何事情都很難成功。孫中山先生說，學問帶來知識，而知識則幫助我們找到解決問題的方法，因此他鼓勵大家多求知，因爲人類追求進步和文明，知識正是我們邁向更高文明的基礎。

除了學問，孫先生還強調道德的重要。他期許國人能夠具備服務社會的精神，幫助弱小，和他人合作，而不是一味追求個人的優勝劣敗。他認爲，人類的進化應該靠相互扶持，而非彼此競爭。他說：「有道德，才有國家；有道德，才能成就一個和諧的世界。」

孫中山先生說：「國者人之積也，人者心之器也，而國事者一人群心理之現象也。是故政治之隆污，繫乎人心之振靡。」他認爲，國家由人民組成，國家的命運也取決於國民的心態和品格。他特別重視品格教育，希望每位國民都能提升人格。他說：「要讓中國成爲一個好國家，首先要讓四萬萬人都成爲有品格的人。」在他看來，只有從根本上提升人格，才能眞正改變國家。

對於知識分子，孫中山有著深厚的期許。孫中山說：「從前中國人說：『士爲四民之首。』」他認爲，知識分子在社會上應該成爲道德的表率，是推動社會進步的先鋒。他指出，知識分子的責任重大，尤其在今天這個社會價値紊亂的時代，知識分子更應該引領社會進步。

總結來說，孫中山希望每位國人都能追求知識，修養道德，將個人的成長與國家的進步聯繫在一起。這樣才能實現他所期望的強盛中國和和諧世界。

79 國人要愛國、要立志做大事

這一單元我們來談談孫中山先生對於「立志做大事」與「愛國」的期許。

孫中山先生曾經勉勵國人，要立志做大事，而不是一心想要做大官。他認爲，眞正的成就不是在於職位的高低，而是在於爲社會、爲國家做出了多大的貢獻。他說：「古往今來，人的名望之所以高大，不在於他做了多大的官，而是在於他做成了多大的事業。」他希望大家能夠爲公衆的福祉努力，爲實現大衆的幸福而奮鬥，這樣才能眞正地爲國家帶來進步和繁榮。

孫中山先生本人就是一個典範。他一生立志救國，做的都是對國家有益的大事。甚至在他擔任臨時大總統時，爲了國家的安定，他可以放棄權位，讓位於他人，這種胸懷令人敬佩。他說：「做人的最大事情，就是要知道怎麼樣愛國。」他的愛國之心貫穿一生，無論面臨多少挫折，都始終堅持到底。

在臨終之際，孫中山先生仍念念不忘救國的使命，他留下「和平、奮鬥、救中國」的遺言，至死不渝地表現出他的愛國情懷。他的一生無私奉獻，始終爲國家和人民的幸福奮鬥，這份精神值得我們每一個人去學習和效法。

讓我們銘記孫中山先生的教誨，不僅要立志做大事，爲公衆謀幸福，更要心懷愛國之心，爲國家貢獻我們的力量。

80 國人要有信心堅持理念

這一單元讓我們來探討孫中山先生的信心與堅持。

孫中山先生一生致力於革命，無論面對清朝的強大勢力，還是身處極度困苦的環境，他都從未動搖過。他曾說：「吾心信其可行，則移山塡海之難，終有成功之日；吾心信其不可行，則反掌折枝之易，亦無收效之期。」這段話，讓我們看到了他的堅定信念。他的心意一旦確立，就會毫不退縮、愈挫愈奮，堅持到底。這樣的精神是值得我們效法的。

更重要的是，孫中山先生的信心並不是基於成功的機率，而是基於他相信自己所做的是正確的。他說：「救國不論成敗，只論是非。」他也希望國人立志，「國存與存，國亡與亡。如宋代之文天祥，仍可留天地一點之正氣。」這意味著，即便無法取得世俗的成功，也要爲後人留下一個光輝的榜樣。孫中山舉例宋代的文天祥，認爲即便國家亡了，仍可以留下一份天地正氣。因此，他以這種堅定的信念，希望國人能夠跟隨他的腳步，堅持信仰，不論前路多麼艱難。

孫中山先生還提出「努力在我，成功在衆」的觀點。他認爲，成功需要衆人之力，勝敗雖非自己所能完全掌握，但他相信自己的理念是對國家有益的，最終必然會得到人民的支持。他也勉勵國人，對三民主義要有信心，堅持到底。

孫中山先生的這份堅持，讓我們看到了他的無私和對國家未來的信心。讓我們向他學習，秉持正確的理念，堅持不懈，爲國家和社會的進步奮鬥到底。

81 國民黨要以主義立綱，以理服人

這一單元我們來談談孫中山先生對於中國國民黨的深切期盼，以及他留給我們的啓示。

孫中山先生一生爲中國的未來奔波奮鬥，他並不僅僅是想建立一個強大的黨，更希望這個黨能夠成爲百姓信賴、國家依靠的道德力量。他告訴我們：「我們革命黨所依靠的，不是武力，而是我們的主義、眞理和道德。」這句話充滿力量，透露出他對於理想的堅持和對武力的深切警惕。武力或許能短暫壓制，但唯有道德和眞理才能眞正贏得人心，讓一個組織、讓一個信念長久屹立。

孫先生還特別提醒我們，武力是不足恃的。人民的信任，才是眞正持久的基石。唯有當國民黨堅持自己的主義、眞理和道德，才能獲得這份信任，才能眞正成爲人民的依靠。這份信念，才是國民黨存在的意義，才是救國的眞正之道。

他曾說：「國民黨之主義爲何？即三民主義是已。」這不是空洞的口號，而是他畢生心血凝聚的結晶，他要我們記住這一點，要讓這個黨始終走在正確的路上，不偏不倚地守護人民的利益。

孫中山先生的話，讓我們感受到一位革命者、奮鬥者的無私情懷。正因爲他將一生獻給了國家，他才能如此無怨無悔地要求我們，以最堅定的信念和最高的道德標準來對待國民黨、對待我們的國家。

讓我們不辜負孫中山先生對我們的期望，將這份精神薪火相傳，讓國民黨成爲眞正爲人民服務的力量，爲國家、爲人民的幸福不懈奮鬥。

82 國民黨要深刻地自我反省

這一單元我們來談談孫中山先生對於中國國民黨的一些嚴厲批評和深切期望。作爲國民黨的創始人和領袖，他對黨的發展不僅充滿期待，也不吝於提出尖銳的反省。這樣的批評，正是爲了讓國民黨能夠眞正成爲一個值得依靠的力量。

孫中山先生曾說過：「國民黨裏有中國最優秀的人，也有最卑鄙的人。最優秀的人是爲了理想而加入，但有些人只是把黨當作升官的踏腳石。」這段話的背後，是他對黨內一些現象的痛心。他看到有人爲了自己的利益而加入黨，對他們而言，黨只是實現個人目標的工具，這些人不僅損害了黨的形象，也讓眞正爲理想奮鬥的人感到失望。

他也指出：「當年在南京建立政府時，我們的黨曾經那樣興盛。可是現在，爲什麼反而不如以前呢？」原因就在於黨內成員素質參差不齊、目標各異，有人只想做大官，達到個人目的後便不再爲革命事業努力，甚至對黨產生不滿。這樣的心理，讓黨失去了應有的凝聚力。

孫中山先生強調，黨的問題不在於外敵的打壓，而是來自於黨內的分裂和矛盾。因爲同志們的思想見識過於幼稚，經常產生無謂的誤解，導致團結力渙散，革命也因此多次失敗。他呼籲大家團結一致，把自己的聰明才智奉獻給黨，爲共同的目標努力，只有這樣，才能眞正成功。

孫中山先生的話，語重心長。他希望每一位黨員都能自我反省，放下個人的私利，眞正爲黨和國家努力。他的批評不是苛求，而是殷切的期望，希望國民黨能夠成爲一個團結、堅強、讓人民信賴的政黨。今天我們在這裏，重溫孫中山先生的教誨，也應該思考如何讓這份精神延續下去，讓國民黨成爲眞正爲人民服務的力量。

83 應嚴厲制裁貪污與謀私政客

這一單元我想和大家談談孫中山先生對貪污和政客有多麼痛恨。。

孫中山先生曾經指出，中國地大物博，物產豐富，人民也非常聰明有才，但為什麼國家卻陷入貧弱的狀態？原因就在於官吏貪污、政治腐敗。貪污讓國家資源被少數人私吞，民眾的生活陷入困苦，國家的力量無法發揮出來。這讓孫先生非常痛心，他深知，這些貪污腐敗不僅拖垮了國家，也毀了人民的希望。

此外，孫中山對於政客的厭惡更是毫不掩飾。他說：「今日何日，正是官僚得志、武人專橫、政客搗亂、民不聊生之日！」他把謀私利的政客視為「萬惡之魁」，認為他們為了私利，滿腔陰謀詭計，毫無廉恥，這些人不僅道德淪喪，還對國家和人民造成巨大傷害。孫中山先生警告，「政客不死、禍亂不止」，這樣的政客若不遭到制裁，國家將永無寧日。

孫中山先生的這些談話，表現出他對國家和人民的深切關懷。他相信，只要國人齊心，懲治貪污，清除政客，國家就一定能走向光明的未來。今天，我們重溫孫中山先生的教誨，依然能感受到他那份眞摯的愛國情懷。讓我們也一起努力，爲建立一個更加公正、廉潔的社會而奮鬥！

84 政黨競爭要以理念而非私見

這一單元讓我們來探討孫中山先生對政黨的深切期許。

孫中山先生畢生爲國爲民，他對政黨的角色有著非常深刻的見解。他認爲，一個好的政黨應該以鞏固國家、安定社會爲己任，應該承擔更多的義務，使人民生活更加安樂。政黨應該爲國家和人民服務，這才是政黨的眞正意義。

在孫中山先生看來，政黨之間的競爭應該是良性競爭，應以國家利益爲前提，而不是因私利而相互鬥爭。他指出，如果各政黨互相排擠，以報復爲目的，那麼國家將面臨危險。他說：「政黨競爭，各國皆然，惟當以國家爲前提，不當以黨派相傾軋。」

孫中山先生還強調了政黨的競爭應以道德和公理爲基礎，他說，政黨要想得到人民的支持，就必須秉持公理，要以道德服人。只有當政黨眞正立足於正義、秉持公理，才能贏得人民的信任。

此外，孫中山先生也區分了「黨見」與「私見」的不同。他認爲，謀求國家進步、人民幸福的主張才是「黨見」，是值得堅持的，而出於個人或小集團利益的私見，則不應堅持。他說：「黨爭可有，而私爭不可有；黨見可堅持，而私見不可堅持。」

孫中山先生期望政黨之間的競爭能夠理性而有建設性，各政黨以國家利益為重，用理念、論述和公理來引導人民，而不是陷入個人私利的鬥爭之中。

我們都應該記住，眞正的競爭是為了進步，為了所有人的幸福！唯有如此，我們的國家才會繁榮昌盛，我們的社會才會安定和諧。這是孫先生的信念，也是他留給我們的寶貴遺產。

輕鬆讀懂孫中山的核心思想

作　　者／張亞中
出 版 者／揚智文化事業股份有限公司
　　　　　孫文學校
發 行 人／葉忠賢、張亞中
總 編 輯／閻富萍
地　　址／新北市深坑區北深路三段 258 號 8 樓
電　　話／(02)26647780
傳　　真／(02)26647633
E-mail／service@ycrc.com.tw
網　　址／www.ycrc.com.tw
ISBN／978-986-298-445-1
初版一刷／2025 年 3 月
定　　價／新台幣 300 元

國家圖書館出版品預行編目（CIP）資料

輕鬆讀懂孫中山的核心思想 / 張亞中著. -- 初版. -- 新北市 : 揚智文化事業股份有限公司 ;[臺北市] : 孫文學校, 2025.03
面； 公分

ISBN 978-986-298-445-1（平裝）

1.CST: 孫中山思想

005.18 114002608